Nadja Müller

Natural Horsemanship

Aus Fairness zum Pferd

Pepper VeRlag

Nadja Müller

Natural Horsemanship

Aus Fairness zum Pferd

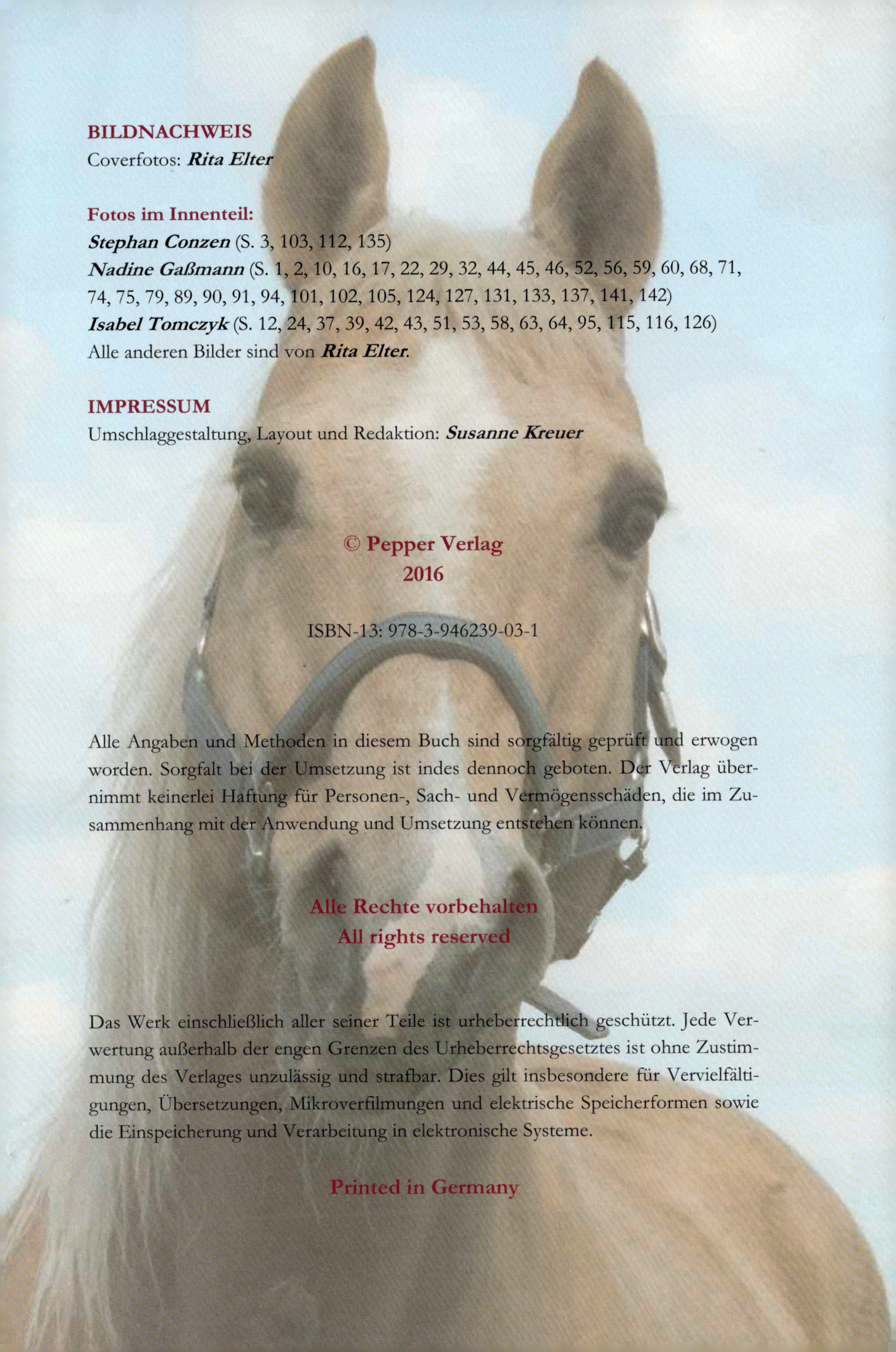

BILDNACHWEIS

Coverfotos: ***Rita Elter***

Fotos im Innenteil:

Stephan Conzen (S. 3, 103, 112, 135)
Nadine Gaßmann (S. 1, 2, 10, 16, 17, 22, 29, 32, 44, 45, 46, 52, 56, 59, 60, 68, 71, 74, 75, 79, 89, 90, 91, 94, 101, 102, 105, 124, 127, 131, 133, 137, 141, 142)
Isabel Tomczyk (S. 12, 24, 37, 39, 42, 43, 51, 53, 58, 63, 64, 95, 115, 116, 126)
Alle anderen Bilder sind von ***Rita Elter***.

IMPRESSUM

Umschlaggestaltung, Layout und Redaktion: ***Susanne Kreuer***

ISBN-13: 978-3-946239-03-1

Alle Angaben und Methoden in diesem Buch sind sorgfältig geprüft und erwogen worden. Sorgfalt bei der Umsetzung ist indes dennoch geboten. Der Verlag übernimmt keinerlei Haftung für Personen-, Sach- und Vermögensschäden, die im Zusammenhang mit der Anwendung und Umsetzung entstehen können.

Printed in Germany

Inhalt

Der Wer zur Harmonie führt über das Angleichen an die Energie des Pferdes und nicht über das Ausgleichen von dessen Energie.

1
Energie und ihre Wirkung

Wir kennen sie beide: Den Pferdetyp, der sich freiwillig keinen Zentimeter mehr bewegt als unbedingt notwendig ist. Der häufig schläfrig wirkt und dem man gerne das Attribut „faul“ verpasst. Und dann ist da noch der andere, der scheinbar grundlos über die Koppel schießt, bockt und die Beine in die Luft wirft. Der nahezu alle Reize sofort in Bewegung umsetzt.
Beim Menschen nennen wir diese beiden Charaktertypen *introvertiert* und *extrovertiert*. Treffen beide aufeinander, kann es zu Verständigungsproblemen kommen: Introvertierte fühlen sich dann von der Energie ihrer extrovertierten Zeitgenossen überfordert. Die reden zu viel und zu laut, gestikulieren zu wild und rücken einem zu nah auf die Pelle. Extrovertierte wundern sich dagegen, warum ihre introvertierten Gegenüber nie von sich aus das Wort ergreifen, das Gespräch nicht am Laufen halten; sie fangen an sich zu langweilen und wenden sich interessanteren Menschen zu.

Wenn wir uns darüber im Klaren sind, dass es bei Menschen und Pferden ruhigere und aufgedrehtere Typen gibt, dann ist es verständlich, dass es bei Mensch-Pferd-Paaren zu unterschiedlichen Temperamentkonstellationen kommt.

Manche funktionieren von vornherein, bei anderen prallen Extreme aufeinander, die sich gegenseitig hochschaukeln. Die Natur der Partner bedingt die Reibungsflächen. Denken Sie an das tiefenentspannte Pferd, das nichts lieber will als seine Ruhe. Doch seine hektische Reiterin wuselt um es herum, als gebe es kein Morgen mehr. Schallend versohlt sie ihm den Hals – ein gut gemeintes Lob – und lässt dazu eine Tirade verbaler Liebesbezeugungen auf es einregnen. Auf der anderen Seite der vierbeinige Hyperaktive, der am liebsten eine 24-Stunden-Dauerbespaßung hätte und es gar nicht abwarten kann, etwas Neues auszuprobieren. Da kann es schon mal passieren, dass er bei so viel Energie seine Reitbeteiligung übersieht, die mit leisen Brrr-Lauten und halbgaren „Steh!“-Befehlen versucht, ihn zu disziplinieren.
Wie schafft man jetzt bei so viel Unterschiedlichkeit eine gemeinsame Basis für Kommunikation? Wären beide Beteiligte Menschen, könnte man den Extrovertierten auffordern, mal etwas langsamer zu machen und den Introvertierten, auch mal die Initiative zu ergreifen. Im Falle der Partnerschaft mit dem Pferd liegt es an uns:

Wir müssen unser Energieniveau und unser Verhalten den Bedürfnissen des Pferdes anpassen.

Energie angleichen statt ausgleichen

Wir können nicht erwarten, dass das Pferd sich uns vollständig anpasst. Kommen wir ihm aber entgegen, wird es sein Verhalten ebenfalls verändern können, weil wir das ruhige Pferd nicht mehr mit zu viel Energie verärgern, und weil uns das aufgedrehte Pferd endlich wahr- und ernst nehmen kann. Lernen Sie Ihre Energie hochzufahren, wenn es nötig ist, und ebenso sie wieder herunterzufahren. So können Sie Disharmonie in Harmonie verwandeln. Eine Basis ist geschaffen, von der aus Kommunikation einfacher wird. Und von dort aus können Sie dann beginnen von Ihrem ruhigen Pferd mehr Energie zu fordern und von Ihrem stürmischen Pferd mehr Beherrschung.

Es gibt auch Trainer, die den gegensätzlichen Ansatz verfolgen und lehren: *Wenn mein Pferd aufgeregt ist, muss ich demnach ruhig sein, um es herunterfahren zu können, und ein träges Pferd benötigt mehr Energie durch den Menschen.* Im ersten Moment klingt das logisch; schließlich würde mein nervöses Pferd noch nervöser, wenn ich hektisch einwirke. Und wie soll mein faules Pferd Energie aufbringen, wenn ich selbst keine habe? In der Praxis habe ich aber die gegenteilige Erfahrung gemacht:

Hysterische Pferde haben meistens ihren Fokus verloren – ein sanftes „Whoa" des Menschen ist dann zu wenig, um sie wieder aus ihrer Panik herauszuholen. Faule Pferde dagegen werden noch träger, wenn der Mensch mit zu viel Energie an sie herantritt. Das endet dann häufig damit, dass das Pferd immer weniger anbietet und der Mensch sich mehr und mehr verausgabt.

Der Weg zur Harmonie führt also über das Angleichen an die Energie des Pferdes und nicht über das Ausgleichen von dessen Energie.

Praxistipp

Unsere Energie derjenigen des Pferdes anzupassen, kann mühsam sein und Aufmerksamkeit erfordern. Wir leben und handeln nämlich normalerweise mit der Energie, die unserem Naturell entspricht. Um sich aufs Pferd einzustellen, müssen wir nun unsere Energie entweder herunterfahren: Das tun wir auf ganz unterschiedliche Art und Weise, etwa, indem wir uns langsamer bewegen, tiefer atmen und versuchen, Zeitdruck und Hektik erst gar nicht mit in den Stall zu nehmen. Weniger Energie verbreiten können wir auch, indem wir weniger Raum einnehmen und unsere Körpersprache weniger offensiv gestalten, etwa, um ein schüchternes Pferd nicht mit unserer Präsenz in die Defensive zu drängen. Wir gehen also nicht mehr in einer geraden Linie frontal auf es zu, sondern laufen einen Bogen und drehen unsere Schulter zum Pferd, statt es mit dem Bauchnabel „anzustrahlen". Oder wir verzichten darauf, viel zu sprechen und arbeiten daran, unser Pferd nicht mehr anzuschreien und weniger explosiv zu reagieren.
Die Energie hochfahren können wir, indem wir einatmen und uns bewusst aufrichten. Indem wir uns geraden Schrittes und mit entspannten Schultern zielstrebig bewegen. Wenn es sein muss, laufen oder rennen wir, gestikulieren mit den Armen, springen auf und ab und fordern unseren Raum bewusst ein. Wenn es nötig wird, rucken wir am Führseil, um die Aufmerksamkeit des Pferdes wiederzuerlangen, wir schlagen die Peitsche auf den Boden oder werfen das Seil um unsere Schultern, um unseren persönlichen Bereich zu verteidigen. Wichtig beim Hochfahren der Energie: Sie sollte nicht mit Emotionen wie Wut, Ärger oder Ungeduld einhergehen. Wir nutzen sie lediglich, um das Pferd mental zu uns zurückzuholen und seine Aufmerksamkeit zurückzuerlangen. Nicht, um es für seine Abgelenktheit zu bestrafen.

Wie wäre es mit Humor?

Angestrengte, konzentrierte Gesichter, verschwitzte Hälse und rhythmisches Schnauben, ab und an der scharfe Knall einer Gerte auf den runden Pferdehintern: Reiten kann anstrengend sein – und wo Anstrengung lebt, wohnen gern auch Ehrgeiz, Disziplin und eine gewisse Starrköpfigkeit. Schließlich hat man Ziele, die man erreichen will, und zwar möglichst bald. Nur, wo bleibt denn da der Spaß? Irgendwo kommt der Ausspruch „*Reiten macht Freude*" schließlich her. Spaß und Freude sind allerdings keine häufigen Gäste in vielen Reitstunden und -ställen. Statt Lob und Anerkennung (für Pferd und Mensch) hört man eher Genörgel und Geschimpfe. Etwas zu lachen haben die Wenigsten. Und damit sind wir beim Thema: Humor.

Denken Sie zurück an Ihr letztes Mal im Stall beim Pferd und überlegen Sie, ob Sie gelacht und sich amüsiert haben – nicht in der trauten Runde nach dem Reiten, sondern im Umgang mit dem Pferd. Ich will nicht darauf hinaus, sich über das Tier lustig zu machen, wenn es etwas nicht versteht oder – noch gemeiner – aus Schadenfreude zu lachen. Pferde überraschen uns nur manchmal mit ihrer Interpretation unserer Wünsche oder einer Situation – und dann entsteht Situationskomik. Ich kann mein Pferd dann abstrafen, weil es nicht wie von mir erhofft reagiert, oder ich kann mich über seine originellen Ideen amüsieren.

Wenn ich beim Pferd die Wahl habe zwischen lachen und ärgern, dann versuche ich das Lachen zu wählen.

Lachen klappt nicht immer, ist aber ein sinnvolles Ziel: Ärger hilft weder mir noch dem Pferd. Wenn ich aber lache, bleibe ich positiv und damit gerecht dem Pferd gegenüber.

Ich denke zwar nicht, dass Humor etwas ist, das Pferde unmittelbar verstehen können. Ich glaube aber, dass von einem ehrlichen, herzlichen Lachen nichts ausgeht, was ein Pferd als bedrohlich einstufen könnte. Anfangs mögen sie vielleicht etwas verwirrt schauen, in was für einen Zustand sich ihr Mensch schon wieder geschaukelt hat, aber sie werden schnell lernen, dass dieser für sie keine negativen Konsequenzen hat. Probieren Sie es mal mit Lachen, wenn es einen Anlass gibt.

Fallbeispiel

Eine Reitlehrerin erzählte einmal, dass ihr Pferd auf ihre Hilfen auf eine Art und Weise reagiert hat, die die Zuschauer zum Lachen brachte. Das Tier spürte die Energie und zeigte das Verhalten wieder und wieder – auch wenn es von der Reiterin gar nicht erwünscht war. Sie hat einige Zeit gebraucht, um es dem Wallach wieder abzugewöhnen. Dennoch ein schönes Beispiel, dass Lachen vom Pferd als etwas Positives wahrgenommen wurde. Es hat das Tier darin bestärkt, sein Verhalten zu wiederholen.

Ich selbst kommentiere die Faulheit meines Projektwallachs, der, hat er die Wahl, über jeden Schritt mehrere Sekunden nachdenkt, um dessen absolute Notwendigkeit zu prüfen, gern mal mit Sätzen wie *„Oh Gott, denk an dein Herz!“* oder *„Nicht so schnell, nicht, dass du dich verausgabst!“*. Die Alternative wäre *„Mach jetzt mal hinne!“* oder *„Schwing dich gefälligst hier rüber, und zwar zackig!“* – und schon liegt unterschwellige Aggression im Raum. Wenn ich will, dass er schneller reagiert, dann fordere ich das ein. Wenn ich es nicht tue, amüsiere ich mich über seinen Energiesparmodus.
Immer wieder gut für einen Lacher sind zum Beispiel unsere Springversuche. Ich habe ihm eine Zeit lang erlaubt die Hindernisse, die eher Hüpfer als echte Sprünge sind, zu untersuchen. Das interpretierte er bald als systematisches Zerlegen. Jüngst trabte er mit für seine Verhältnisse hohem Energieniveau auf einen dieser Hüpfer zu. Ich freute mich schon in Erwartung, dass er springen würde. Stattdessen machte er eine Vollbremsung, legte ein Vorderbein über die Stange und zog das Hindernis langsam, wie von langer Hand geplant, auseinander. Stieg über die Einzelteile hinweg, blieb stehen, drehte mir den Kopf zu und spitzte die Ohren.
Ja, er ist nicht gesprungen. Ja, das kann man auch als Ungehorsam werten. Aber letztlich habe ich selbst die Basis für sein Verhalten bereitet, wo ich doch schon die Anfänge – mit dem Anschauen und Untersuchen des Sprungs – nicht unterbunden, sondern eher gefördert habe. Ich werte sein Verhalten auch nicht als eine Form der Verweigerung, da er sich ja mit dem Sprung und der Aufgabe auseinandergesetzt hat. Nur hat er eben nicht den Lösungsweg eingeschlagen, den ich mir erhofft hatte. Das macht seinen aber nicht schlechter. Statt mich also zu ärgern, dass der faule Gaul seinen Hintern nicht über den Sprung heben will, freue ich mich über seine Cleverness, über die Lässigkeit und die Systematik, mit der er den Sprung zerlegt hat – was auf ein selbstsicheres, lernfähiges Pferd hinweist, also Eigenschaften, die wir uns alle wünschen und die die Voraussetzung für eine gelungene Mensch-Pferd-Partnerschaft sind. Und ich freue mich über seinen Kommunikationswillen, darüber, dass er sich eingebracht und bemüht hat. Das Pferd springt übrigens auch nach solchen Zerlegungsaktionen gehorsam und ohne Probleme. Ich muss ihm das nur deutlicher kommunizieren. Meiner Erfahrung nach stehen sich der konsequente Umgang mit dem Pferd auf der einen Seite und Humor und Witz auf der anderen nicht im Weg.

Die gelingende Berührung

Pferde bringen uns Gefühl bei. Gefühl für das richtige Timing, Gefühl im Herzen, aber auch das direkte Gefühl in Form einer Berührung. Schließlich sind Reiten und der Umgang mit Pferden sehr körperliche Angelegenheiten. Um das für beide Seiten möglichst angenehm zu gestalten, lohnt sich ein Blick auf die Qualität der Berührung. Denn nicht jede ist angenehm.
Ich erinnere mich mit Widerwillen an die Begrüßungen von einem Onkel, der meine filigrane Hand mit seiner Bärenpranke mit Lust quetschte. Oder an den Händedruck einer Bekannten meiner Eltern, der so schlaff und kalt war wie ein toter Fisch. In beiden Fällen wollte ich meine Hand so schnell wie möglich wieder zurückziehen, um dem Gefühl, das sie mir vermittelten, zu entgehen.

Egal, ob zu viel Druck oder zu wenig: Beides kann beim Gegenüber als unangenehm ankommen.

Häufig machen wir uns keine Gedanken über Berührung; wir greifen einfach zu. So ein paar hundert Kilo schweres Tier muss man schließlich ordentlich anpacken, damit es reagiert. Tatsächlich sollte eine Berührung aber für beide Seiten angenehm sein.

Spätestens beim Loben sollte man meinen, dass der Mensch eine Form der Anerkennung auswählt, die auch beim Pferd als solche ankommt. Stattdessen wird ihm nach dem gelungenen fliegenden Galoppwechsel erstmal mit der flachen Handfläche beidseitig auf den Hals geklatscht, dass es bis in die Stallgasse schallt. Was gut gemeint war, hinterlässt höchstwahrscheinlich erst einmal ein paar Minuten brennende Haut beim Tier. Das Gegenstück dazu wäre folgendes: Wir streicheln so sanft und zaghaft den Hals des Pferdes, dass seine Haut anfängt zu zucken, als wolle es unsere Hand wie eine Fliege verscheuchen.

Die gelingende Berührung (also jene, die auch das Pferd als angenehm empfindet) ist eine Frage des rechten Maßes: Pferde wollen weder gekitzelt noch versohlt werden. Um dieses Maß zu finden, bedarf es des Ausprobierens, Hinschauens und Hinspürens – bei jedem Pferd, denn jedes reagiert anders. Was dem einen zu viel Energie, ist dem anderen noch nicht genug des Guten. Die Lieblingskratzstelle bei einem Pferd mag der absolute Tabufleck bei einem anderen sein. Und während das eine Pferd mit lang gezogenem Hals, schiefer Nase und schlabbernder Unterlippe sein Wohlbefinden bekundet, muss man beim nächsten schon sehr genau hinschauen, um zu sehen, dass seine Lider schwerer und die Atmung langsamer werden, was auf eine erfolgreiche Entspannung dank Streicheln deutet.

Schauen Sie also nicht nur nach den Körperstellen, an denen sich Ihr Pferd gerne anfassen lässt (gängig sind Widerrist, Mähnenkamm und Schweifrübe). Probieren Sie auch verschiedene Berührungen aus. Mit den Fingernägeln kratzen, mit der Gerte wie mit einem Schweißmesser großflächig schubbern und reiben oder streicheln. Bei Letzterem variieren Sie den Druck Ihrer Hände, die Länge der Streichbewegung und deren Geschwindigkeit. Sie sehen, es gibt einige Parameter, an denen Sie schrauben können. Für ein individuelles Streichelprogramm.

Fallbeispiel

Was wir als angenehm empfinden, muss nicht automatisch auch fürs Pferd gelten: Ich beispielsweise bin beim Streicheln zu schnell und meine Berührungen sind zu leicht für meinen Projektwallach. Weil er an der Hinterhand gerne mal klemmt, versuche ich diesen Bereich mit Massage und Streicheln wieder zu entspannen – auch, um ihm zu zeigen, dass er keine Bedenken haben muss, wenn ich am Rande seines Sichtfeldes agiere. Sobald ich mit ordentlich Druck die Schenkel und die Beine abstreife und das Ganze in einem langsamen Rhythmus (für mein persönliches Empfinden ist der Druck zu hoch und die Bewegung zu langsam), beginnt sein Maul zu zucken und die Lider werden schwer. Wenn ich alles richtig dosiere, lässt er im Genick locker und nickt leicht mit dem Kopf, außerdem kaut er ab. So weiß ich genau, wie er angefasst werden will – auch wenn seine körpersprachliche Bestätigung deutlich subtiler ausfällt als bei anderen Charakteren, die einem das zu kraulende Körperteil unmissverständlich hinstrecken.

Rhythmus: Das Gegenmittel für Angst

Rhythmus ist wichtig für Mensch und Pferd. Viele Horsemanship-Trainer legen etwa beim Desensibilisieren, wenn sie das Pferd mit unbekannten Gegenständen vertraut machen, Wert auf rhythmische und damit für das Pferd berechenbare Bewegungen. Das Gleichmaß hilft dabei dem Pferd die Angst zu nehmen.

Aber warum ist das so? Anna Blake, eine Amerikanerin, die Dressur und Horsemanship unterrichtet, hat die Bedeutung folgendermaßen formuliert: „*Die Basis der Dressur ist Rhythmus. Vielleicht ist die emotionale Definition von Rhythmus (Selbst-)Vertrauen in Bewegung. Pferde lieben Rhythmus. Er gehört zu allen angenehmen Dingen wie Atmen, Kauen, im Sonnenschein gehen und er fehlt in allen schlechten und Angst auslösenden Dingen wie Buckeln, Scheuen und Wegspringen.*“

Das Gleiche lässt sich auch für uns Menschen feststellen: Herzschlag, Atmung, Bewegung – für Harmonie und Wohlbefinden brauchen wir Regelmäßigkeit. Rhythmus eben. Haben wir Angst, ist es zuerst dieser Rhythmus, der uns abhandenkommt: Wir halten den Atem an, zucken vielleicht zusammen und machen uns fest. Da sind wir den Pferden gar nicht so unähnlich. Entsprechend glaube ich, dass es sehr wichtig ist, diesen Rhythmus aufrechtzuerhalten, egal, ob wir das Pferd führen oder ob wir darauf sitzen. Wenn ich reite und mein Pferd erschreckt sich und springt zur Seite, habe ich die Tendenz zu versteinern. Ich werde steif und nehme meinem Körper das, was er in so einem Augenblick am meisten bräuchte: Flexibilität und Geschmeidigkeit, um mit den unerwarteten Bewegungen des Pferdes mitgehen zu können, statt passiv darauf zu warten, abgeworfen zu werden.

Buck Brannaman empfiehlt in seinen „Clinics“ nicht von ungefähr die Bewegungen des Pferdes (ggf. auch das Bocken und das Steigen) zu reiten, also dem Pferd aktiv zu folgen.

Ich glaube sogar, dass wir mit Rhythmus dem Pferd helfen können, seine Angst zu mildern und vielleicht sie erst gar nicht aufkommen zu lassen.

Fallbeispiel

Im Sommer sind die Pferde bei uns auf einer Koppel im Dorf. Der Weg zurück zum Stall führt die Straße entlang – was kein Problem ist, schließlich ist es ein Dorf und für die Pferde optimal, wenn sie verschiedenen Reizen ausgesetzt werden. Letzten Sommer wurde der Weg durch mehrere Baustellen etwas abenteuerlicher. Ich holte ein junges Pferd von der Koppel, als gerade ein Fertighaus am Straßenrand aufgestellt wurde – samt mehreren Lastern, Lärm, Gewusel, einem kleinen Kran und verengter Straße. Ich wusste, dass das Pferd von Natur aus nicht besonders ängstlich ist, aber schon mal ins Starren kommen kann. Deswegen habe ich mich bemüht, den Rhythmus in meinem Schritt den ganzen Weg entlang der Baustelle fließen zu lassen und möglichst wenig über die Schulter zurückzuschauen. Der Wallach ist anstandslos mitgelaufen – mir weder zu nah gekommen, weil er beschleunigte, noch hat er sich ziehen lassen, weil er stehenbleiben wollte. Ich denke nicht, dass dieses Ergebnis nur aufgrund meiner gleichmäßigen Schritte und deren beruhigender Wirkung zustande gekommen ist. Ich glaube aber durchaus, dass der Rhythmus meiner Schritte das Pferd darin bestätigt hat, dass alles in Ordnung ist und es keinen Grund zur Aufregung gibt.

Praxistipp: Wie finde ich den Rhythmus?

Um uns Rhythmus und Gleichmaß in unseren Bewegungen bewusst zu machen, empfehle ich folgendes **Experiment**:
Wenn Sie das nächste Mal zur Koppel gehen, um Ihr Pferd zu holen und Sie ein Stück Weg auf gerader Strecke zurücklegen müssen, dann beobachten Sie, wie Ihre Arme und Beine zusammenspielen und in welchem Rhythmus sie sich bewegen. Brechen Sie nicht nach ein paar Metern ab, sondern bleiben Sie dran. Manchmal reicht schon unsere Aufmerksamkeit und wir verkrampfen uns. Es empfiehlt sich von daher ein paar hundert

Meter zu gehen, um genug Distanz zurückzulegen. Sie können auch joggen. Merken Sie sich Ihre Erfahrung und das Gefühl.
Beim nächsten Mal tun Sie das Gleiche: Sie gehen also zunächst locker und gleichmäßig vorwärts. Dann winkeln Sie einen Arm am Ellenbogen an und beobachten, was geschieht, wenn Sie in dieser Position weiterlaufen. Verändern sich Rhythmus und Atmung? Wie ist das Körpergefühl? Was verändert sich in dem Moment, wenn Sie den Arm anwinkeln?
Beim dritten Mal gehen Sie locker vorwärts, senken dabei den Kopf und schauen nach unten. Vergleichen Sie das Gefühl mit jenem, wenn Sie mit aufrechtem Gang und nach vorn gerichtetem Blick unterwegs sind.

Wer sein eigenes Körpergefühl schult – und dazu gehören vor allem Selbstbeobachtung und Selbstreflexion –, der arbeitet effektiv an seiner eigenen Kommunikation und damit an der Bindung zu seinem Pferd.

Hier kommt die Auflösung (oder zumindest die Aufschlüsselung der Erfahrungen, die ich mit den unterschiedlichen Körperpositionen gemacht habe):
Im ersten Fall hängen die Arme locker herunter und schwingen im Gleichklang mit den Beinen. Das linke Bein kommt mit der rechten Schulter und dem rechten Arm nach vorne, das rechte Bein entsprechend mit dem linken Arm und der linken Schulter. Ich habe das Gefühl, dass sich die entgegengesetzten Schultern und Hüften abwechselnd annähern. Die Bewegung ist rhythmisch und fließt durch den ganzen Körper. Leichte Störungen kann man schon wahrnehmen, wenn die Länge der Schritte unterschiedlich oder die Amplitude der schwingenden Arme nicht die gleiche ist. Mein rechter Arm schwingt tendenziell weiter nach vorn als mein linker.

Interessant wird es, wenn wir einen Arm anwinkeln: Seine Schulter wird dabei fest, was den Energiefluss stört. Im Augenblick des Anwinkelns – also dann, wenn wir uns auf die neue Haltung konzentrieren und sie bewusst einnehmen – hören wir außerdem auf zu atmen. Es bedarf der Konzentration, um trotz angewinkeltem Arm eine lockere Schulter beizubehalten. Schaut man dann auch noch nach unten, drücken uns die Schultern regelrecht zu Boden und das Atmen wird schwerer. Leichter und freier wird die Bewegung, wenn wir das Kinn leicht heben und geradeaus schauen, und zwar dorthin, wohin wir unterwegs sind.
Das Gleiche gilt auch fürs Reiten: Wenn wir nach unten schauen, belasten wir zusätzlich die Vorhand des Pferdes. Blicken wir dagegen in die gewünschte Laufrichtung, erleichtern wir dem Pferd nicht nur die Bewegung, sondern vermitteln ihm gleichzeitig mit unserem Blick, wohin es gehen soll.

Wenn Sie also das nächste Mal Ihr Pferd von der Koppel holen, schulen Sie Ihr Bewusstsein für den Rhythmus Ihrer Bewegung. Versuchen Sie Ihre Arme auch mit Führseil in der Hand frei pendeln zu lassen. Tragen Sie das Seil nicht angewinkelt über dem Arm und ziehen Sie das Pferd auch nicht hinter sich her. Ein ausgestreckter Arm, eine fast ausgekugelte Schulter und das ständige Schauen über dieselbe, wo das Pferd jetzt schon wieder ist, eliminieren jeden Rhythmus.

Leslie Desmond legt sehr viel Wert darauf, dass ihre Schüler den Körper bewegen und die Energie fließen lassen, wenn sie am Boden mit dem Pferd arbeiten. Häufig fragt sie: „*Wem folgt man leichter? Jemandem, dessen Körper Harmonie transportiert, oder jemandem, der sich in verkrampfter, blockierter Haltung vorwärtsbewegt?*“

Nicht der Versuch das Ergebnis darzustellen bringt uns als Lernende weiter.

2

Klar benannt: Hilfen und ihre Anwendung

Jeder gute Horseman ist ein guter Beobachter. Er erkennt, wie seine Einwirkung beim Pferd ankommt, bewertet die Reaktion und macht davon abhängig, was er verändern kann, um dem Pferd das Verständnis weiter zu erleichtern.

Der durchschnittliche Reiter dagegen ist so sehr damit beschäftigt, seinem Pferd Befehle zu erteilen und Hilfen zu geben, dass er darüber das Zuhören und Hinschauen vergisst und nicht bemerkt, wie seine Ansagen vom Pferd aufgenommen werden.

Reiten wird dann zum Monolog,
dabei könnte es ein eingespielter Dialog sein.

Mit unserer Aufmerksamkeit fängt alles an

Mit seiner Fixierung auf die reine Lektion ignoriert der Reiter die Basis für gutes Horsemanship und allgemein für eine fruchtbare Beziehung zum Pferd: Das Fundament dafür bilden Aufmerksamkeit und Bewusstsein. Und zwar nicht nur für die großen, sondern vor allem für die kleinen Dinge: Für die Nuancen in der Körpersprache – unserer eigenen und derjenigen des Pferdes. Wenn wir unser Bewusstsein schärfen für unser eigenes Verhalten und das unseres Pferdes und uns beide beobachten, dann sammeln wir Informationen. Wir entwickeln ein Gefühl dafür, wo sich das Pferd gerade (mental und emotional) befindet, wie es sich bewegen und wie es reagieren wird. Und auf dieser Grundlage können wir gute Entscheidungen treffen – solche, die unser Training und unsere Beziehung voranbringen. Dann spüren wir bereits dank Nuancen im Verhalten oder Veränderungen der Spannung, ob sich Probleme ankündigen, und wir haben die Chance vorzubeugen.

Aufmerksamkeit und genaues Hinschauen bringen uns dann in die Lage, schnell und früh reagieren zu können. Früh erkannt fällt die Korrektur deutlich kleiner aus und aus kleinen Problemen werden keine großen mehr.

Aufmerksamkeit und bewusstes Wahrnehmen kann man lernen: Das funktioniert am besten dann, wenn man sich genaues Beobachten als einziges Ziel einer Einheit setzt und den Fokus nur darauf richtet, um nicht abgelenkt zu werden. Es braucht dafür nur offene Augen und Ohren. Stellen Sie sich dazu neben Ihr Pferd. Dann beobachten Sie sich und das Tier und versuchen, folgende Fragen zu beantworten:

Reflexion des eigenen Verhaltens
♦ *Wie fühle ich mich in meinem Körper?*
♦ *Ziehe ich meine Schultern hoch?*
♦ *Hängen meine Arme locker herunter?*

- *Wie verteilt sich das Gewicht auf meinen Beinen?*
- *Wohin atme ich – in den Brustraum oder in meinen Bauch?*
- *Wie halte ich das Führseil?*
- *Wohin schaue ich?*
- *Habe ich mein Pferd im Blick?*
- *Oder spüre ich, auch ohne es zu sehen, wo es ist und was es tut?*
- *Wie stehen wir nebeneinander? Nah beieinander oder entfernt?*
- *Wie fühle ich mich in dieser Position? Bedrängt?*
- *Stehe ich vor dem Pferd oder daneben?*
- *Wohin zeigt mein Bauchnabel?*
- *Wohin schaut mein Pferd?*
- *Wie trägt es seinen Kopf?*
- *Ist es abgelenkt?*
- *Will es sich bewegen?*
- *Passt es sich meinen Bewegungen an?*

Diese konkreten Fragen dienen letztlich nur als Werkzeuge, einen Zustand genau zu beleuchten und zu erfassen. Man kann sie ergänzen, umformulieren oder streichen. Wichtig ist nur, dass man nach konkret erfahrbaren Details fragt und weniger nach übergeordneten Zuständen. Also nicht: *Ist mein Pferd entspannt?*, sondern besser: *Wie trägt mein Pferd seinen Kopf? Wie aktiv sind seine Augen? Wohin zeigen seine Ohren*? Diese Fragen schärfen den Blick auf Feinheiten – und genau das ist das Ziel der Übung.

Selbst eine so „einfache“ Konstellation, bei der Pferd und Mensch miteinander Zeit verbringen, lässt sich in zahllose Fragen zerlegen. Obwohl man nichts tut, kann man hunderte Beobachtungen machen – beziehungsweise: Weil man nichts tut! Denn dann müssen wir unsere Aufmerksamkeit nicht verteilen und können uns ganz auf das genaue Hinsehen und -spüren fokussieren.

Es geht zu diesem Zeitpunkt auch nicht darum, die Antworten zu hinterfragen, zu bewerten oder gleich zu handeln.

****

Stattdessen sollen das Beobachten und das Bewusstsein für sich selbst und sein Pferd mehr und mehr zur Gewohnheit werden.

****

Und damit schafft man die Basis für eine gute Partnerschaft und löst Probleme, bevor sie überhaupt entstehen können.

Probleme kündigen sich immer an. Überrascht uns das Pferd mit einem Verhalten, haben wir in der Regel im Vorfeld einige Anzeichen übersehen. Am Ende ist Prävention immer besser als Schadensbegrenzung.

Auf einer Clinic wies Leslie Desmond eine Teilnehmerin an (die neben ihrem Pferd stand), ihr Gewicht auf das andere Bein zu verlagern – also jenes, das dem Pferd abgewandt war. Kaum hatte sie das getan, senkte das Pferd den Kopf und schnaubte ab. Wenn wir diese Details nicht wahrnehmen, verpassen wir viele Chancen unseren Pferden zu mehr Entspannung und einem besseren Verständnis zu helfen.

Sensibilisieren und Desensibilisieren

Wir wollen, dass unsere Pferde auf gewisse Reize (unsere Hilfen) fein reagieren, andere Reize (das vorbei knatternde Auto oder die herumfliegende Plastiktüte) aber ignorieren. **Systematische Sensibilisierung** und **Desensibilisierung** können uns dabei helfen. *Systematisch* deswegen, weil es nicht damit getan ist, heute mal ein bisschen mit der Peitsche zu wedeln, um das Pferd abzuhärten, ihm morgen aber aus dem Nichts heraus eins mit der Gerte zu verpassen, weil wir den Eindruck haben, dass es sich heute besonders dumm stellt.

****

Wir müssen wissen, was wir tun und wie wir mit den Hilfen umgehen, wenn wir unserem Pferd das Verständnis erleichtern wollen.

****

Beim Desensibilisieren präsentieren wir dem Pferd einen gleichbleibenden Reiz, etwa die auf und ab schwingende Peitsche. Wir warten, bis das Pferd sich entspannt, dann setzen wir den Reiz aus. Nach und nach wird das Tier begreifen, dass es sich erst gar nicht aufregen muss, da die gleichmäßig schwingende Peitsche keine Bedeutung hat. Das Pferd lernt also, sich vor der schnellen Bewegung nicht fürchten zu müssen. Als Steigerung beginnen wir dann die Peitsche auf den Boden zu schlagen, sodass sie ein Geräusch erzeugt. Die Vorgehensweise ist wieder die gleiche: Wir warten, bis das Pferd erste Anzeichen der Entspannung zeigt und dann lassen wir die Peitsche ruhen. Üben können wir das mit unterschiedlichen Gegenständen (Flaggen, Peitschen, Bodenarbeitssticks). Wir knallen und schwingen die Peitsche ein Stückchen weg vom Pferd oder wir werfen den Schlag über seinen Rücken und stellen körperlichen Kontakt her. Egal, was wir tun: Das Ziel ist ein ruhig stehendes, entspanntes Pferd, das begriffen hat, dass Lärm und schnelle Bewegung nicht zwangsläufig bedeuten, dass es sich selbst in Bewegung setzen muss.

Um diese Botschaft zu vermitteln, ist es wichtig, dass unser Körper gerade am Anfang entspannt und unser Geist immer gelassen ist. Stehen wir unter Spannung, machen wir es dem Pferd schwer loszulassen. Steht das Pferd still, wenn wir selbst entspannt sind, können wir anfangen uns beim Desensibilisieren zu bewegen und Tempo aufzubauen, was den Schwierigkeitsgrad für das Pferd stark erhöht. Bei all dem gilt immer:

Der Reiz muss gleichförmig und rhythmisch sein.

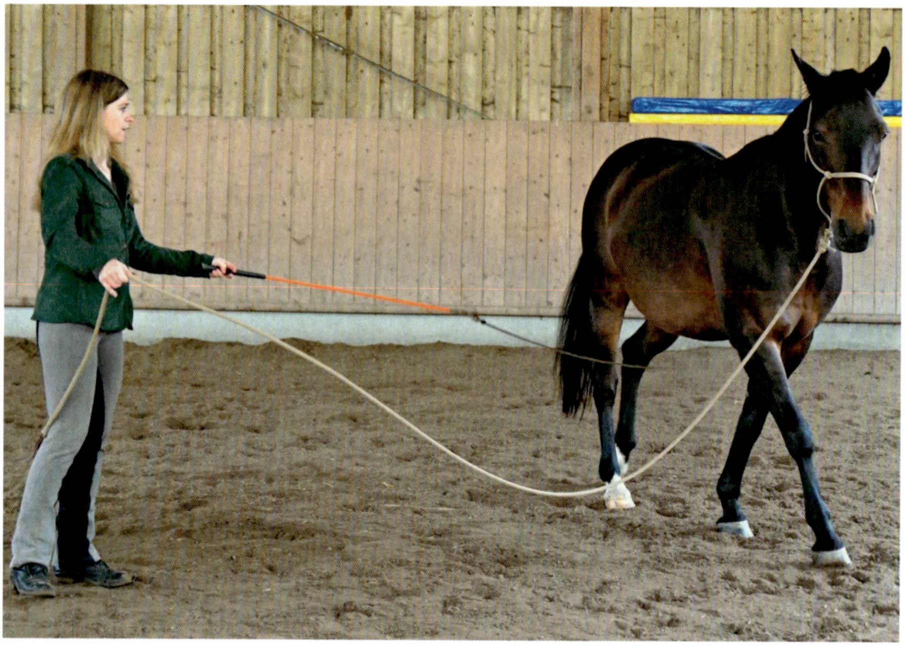

Wir schwingen die Peitsche im gleichen Takt mit der gleichen Geschwindigkeit und wiederholen das immer wieder. Diese Regelmäßigkeit beim Desensibilisieren ist so wichtig, weil wir beim Sensibilisieren mit einem Reiz arbeiten, der sich verändert: Wir fangen mit einer kleinen Hilfe an und steigern deren Intensität, wenn das Pferd nicht reagiert. Pferde können auf diese Weise unterscheiden, ob wir mit gleichförmigem, wiederkehrendem Druck Entspannung verlangen oder mit punktuellem, sich steigerndem eine Reaktion wie Nachgeben oder Antreten.

Gerade bei der Bodenarbeit sagt der Einsatz unserer Hände dem Pferd genau, was es tun soll: Wir unterscheiden dabei die Führhand am Seil und die unterstützende Hand, die die Peitsche oder den Stick hält. Beim Desensibilisieren, wenn wir die Peitsche schlagen oder schwingen, aber nichts vom Pferd verlangen, hängt unsere Führhand herab und hält das Seil entspannt und locker. Beim Sensibilisieren ist die Führhand immer aktiv: Sie gibt das erste, leichte Signal und erst dann unterstützt die andere Hand mit der Peitsche – immer in dieser Reihenfolge. Das Pferd kann sich dann darauf verlassen, dass auf die erste Hilfe eine zweite folgt, und wird entsprechend lernen, schon auf die erste zu reagieren.
Der Grund für diverse Missverständnisse zwischen Pferd und Mensch liegt im unüberlegten Einsatz beider Hände: Wir wedeln wild mit der Peitsche, weil wir wollen, dass das Pferd

sich bewegt, haben ihm mit der Führhand aber keine Richtung vorgegeben. Wir werfen ihm den Schlag über den Rücken, wollen, dass es stehenbleibt und sich entspannt, sind uns aber nicht darüber im Klaren, dass unsere Führhand hoch erhoben am Seil zieht – und das Pferd hat sich schon gehorsam in Bewegung gesetzt.
Wenn wir diese Grundlagen beachten – gleichmäßige versus sich steigernde Reize und die Reihenfolge von Führ- und unterstützender Hand –, dann haben wir die meisten Missverständnisse in der Hilfestellung bei der Bodenarbeit ausgeschlossen.

Fallbeispiel

Eine meiner Schülerinnen hatte das Gefühl, dass ihr Pferd vor lauter Peitschenschwingen den Respekt vor der Peitsche verliert. Sie hat beim Desensibilisieren also ganze Arbeit geleistet. Beim Sensibilisieren allerdings setzt sie die Peitsche genauso gleichmäßig ein, weil sie dem Pferd ja nicht wehtun und den Druck nicht erhöhen will. Auch ihre Führhand kündigt dem Pferd nicht verlässlich an, was als nächstes kommt. Für das Tier verschwimmt so die Grenze zwischen Sensibilisieren und Desensibilisieren. Es weiß nicht immer, wann es sich in Bewegung setzen soll und wann von ihm erwartet wird, stehenzubleiben und den Reiz zu ignorieren. Also entscheidet es sich im Zweifelsfall fürs Ignorieren.

Wenn wir die Vorhand des Pferdes vom Boden verschieben oder das Pferd rückwärts schicken wollen, tun wir das auch, indem wir das Seil oder den Stick Richtung Pferdenase schwingen. Hier werden oft Bedenken laut, dass das Tier kopfscheu gemacht werde. Das passiert nur dann, wenn ich dem Pferd ohne Vorwarnung auf die Nase schlage und das Tier sein Verhalten nicht mit meiner Reaktion in Verbindung bringen kann. Beim systematischen Weichenlassen steigere ich die Hilfe und lasse dem Pferd Zeit, sich darauf einzustellen. Ich lehne mich nach vorne und wackele leicht am Seil oder ich beginne den Stick im 90-Grad-Winkel zum Pferdekopf zu schwingen und komme langsam näher. Wir bauen einen Reiz auf, der sich dem Pferd nähert und intensiver wird, und stoppen, sobald es richtig reagiert. Ein so trainiertes Pferd versteht unsere Hilfen. Es hat keine Angst vor unvorhersehbaren Schlägen und wird auch nicht kopfscheu.

Von der Übertreibung zu feineren Signalen

Der gute Dressurreiter sitzt weich und elastisch, mit tiefen Absätzen und ruhigen Händen. Er folgt der Bewegung des Pferdes, ist weder steif noch fehlt ihm die Spannung. Wenn ich mich an meine ersten Reitstunden an der Longe erinnere, dann versuchte mein Reitlehrer schon von Anfang an diese reiterlichen Qualitäten abzurufen: *Hände ruhig, Absatz tief, Beine ruhig, nicht nach vorne fallen, nicht hinter der Bewegung zurückbleiben!* Die Liste lässt sich fortsetzen. Das wäre, als würde man vom Klavier-Eleven in der ersten Stunde eine perfekte Darbietung von Beethovens 9. Symphonie erwarten. Als Reitanfänger hoppelt man auf dem Pferderücken, wird geschaukelt, gestoßen und geworfen und ist froh, überhaupt oben zu bleiben. An Feinheiten wie ruhige Beine denkt man erst viel später, wenn man sich an die Bewegungen des Pferdes gewöhnt und gelernt hat sie mitzugehen, statt dagegen zu spannen.

Nicht der Versuch das Ergebnis darzustellen bringt uns als Lernende weiter.

Einfacher ist es, das Ergebnis in seine Einzelteile zu zerlegen, die Teile zu üben und diese dann am Ende zusammenzusetzen. Ein Bekannter ist ein versierter Klavierlehrer – und er macht das genauso: Wenn ein Schüler das Tempo eines Stückes noch nicht gehen kann, verringert er das Tempo, lässt den Schüler die Finger sortieren, ein Gefühl für Stück und Noten entwickeln und erst, wenn das harmonisch funktioniert, erhöht er das Tempo wieder. Ihre ersten Kommunikationsversuche mit dem Pferd werden wahrscheinlich unbeholfen und unkoordiniert daherkommen, da Sie Ihren Körper und Ihre Energie noch nicht zielgerichtet einsetzen können. Mir ist bei meinen Schülern wichtig, dass sie am Anfang das *Was* (die Hilfe, das Signal ans Pferd) deutlich und klar vermitteln können. Später kommt das *Wie* (die Verfeinerung der Hilfe) hinzu. Anfangs übertreiben wir es also mit unserer Körpersprache: Wir richten uns bewusst gerade auf, machen uns größer, strecken unsere Arme und bewegen sie in großen Gesten.

So wie es wichtig ist, Klarheit zu schaffen, ist es auch entscheidend diese anfänglichen Übertreibungen wieder herunterzufahren, sobald sich zwischen Mensch und Pferd eine verlässliche Verständigung eingestellt hat.

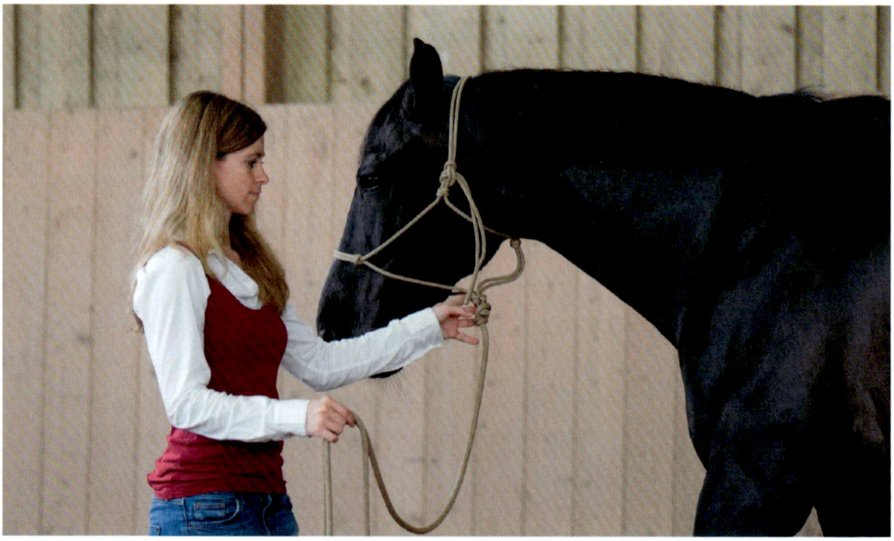

Verfeinern wir unsere anfänglich übertriebene Körpersprache nicht mit der Zeit, schreien wir das Tier mit unserer überzogenen Körpersprache kontinuierlich an. Das würde das Ziel einer feinen Verständigung ad absurdum führen. Und so wird aus dem ausgestreckten Arm ein aufgerichteter Finger, aus dem bewussten Aufrichten des Körpers ein bloßes Einatmen. Wir erarbeiten uns also die feine Kommunikation schrittweise und steigen nicht direkt mit ihr ein.

Fallbeispiel

„Durchsetzen" gehört als Begriff nicht zu meinem aktiven Wortschatz. Dennoch führt daran in manchen Fällen kein Weg vorbei. Wenn ein Pferd keine Angst hat und diskutieren will, ist es wichtig, ihm zu zeigen, was wir meinen und dass wir es ernst meinen. Vor einiger Zeit habe ich mit einem kräftigen, selbstsicheren Wallach gearbeitet. Ich wollte ihn am Seil zurück richten, was er anders sah. Seine Antwort lautete: *Nö. Ich glaube dir nicht, dass du es ernst meinst und ich gehe für dich nicht zurück.* Er testete seine gesamten Vermeidungsstrategien: Drängelte in mich hinein, verdrehte den Kopf in interessanten Winkeln, lehnte sich zurück und bohrte die Vorderbeine in den Boden, aber er bewegte sich keinen Zentimeter zurück. Er versuchte herauszufinden, was er tun muss, um diesen Druck am Halfter loszuwerden – und sein Ziel war es, sich dabei nicht bewegen zu müssen. Meine Aufgabe war ihm zu zeigen, dass seine Ansätze nicht funktionieren. Seine Experimente und seine Gegenwehr waren kein Grund für mich, mich aufzuregen oder wütend zu werden. Schließlich suchte das Pferd aktiv nach einer Lösung. Ich blieb also dran mit dem Druck – und der Wallach fand die richtige Antwort und wich rückwärts aus.

Auch wenn wir es unangenehm finden und es anstrengend ist: Manchmal müssen wir dranbleiben, bis wir effektiv sind. Es geht um unsere Glaubwürdigkeit. Brechen wir in so einer Situation ab, lernt das Pferd, dass wir es nicht ernst meinen und dass es auf Druck mit Gegendruck antworten kann – das Gegenteil von dem, was wir ihm eigentlich beibringen wollten.

Nach meiner Diskussion mit dem Pferd habe ich ihn auf einen Zirkel herausgeschickt, er nahm seinen Kopf herunter und entspannte. Ich hatte ihm bewiesen, dass ich es ernst meinte und er hatte den Gehorsam als Option getestet und akzeptiert. Seine Reaktion hat mir gezeigt, dass es richtig war, den Druck beim Rückwärts zu erhöhen.

Mentale Hilfe – subtiler wird es nicht

Was ist die feinste Hilfe, die wir geben können? Die Ausrichtung unseres Körpers? Unsere Blickrichtung? Unsere Atmung? Es geht noch subtiler: Wir können uns dafür komplett von der physischen Ebene verabschieden und uns auf unsere Vorstellung und unseren Fokus konzentrieren. Dass uns negative Gedanken beeinflussen, ist bekannt: Wir reiten an einem Holzstapel vorbei, den eine Plane vor Regen schützt, und hoffen, dass sie nicht flattert und das Pferd erschrecken wird. Kaum ist der Gedanke zu Ende gedacht, steht uns das Tier in der Luft oder setzt zum Renngalopp aus der Gefahrenzone an. In unserem Kopf nimmt die Angst ihren Anfang, der Körper greift sie auf mit veränderter Atmung und angespannten Muskeln – eine Einladung fürs Pferd zu reagieren. Die gute Nachricht:

Wir können diese Feinfühligkeit des Pferdes auch in unserem Sinne einsetzen.

Denn so wie sie unsere Bedenken spüren, so wissen sie auch, um unseren Fokus; um die Bilder, die wir im Kopf haben. In der Kommunikation sind sie die feinste Hilfe, die wir geben, die subtilste Phase, die wir anwenden können.
Vom Amerikaner Ray Hunt, der von einem der Väter des Horsemanship, Tom Dorrance, gelernt hat, wird Folgendes erzählt: Er soll seinen Schülern gesagt haben, dass sie zu 90 Prozent körperlich und zu 10 Prozent mental reiten. Mit wachsender Erfahrung und steigendem Können dreht sich das Verhältnis um:

Der echte Horseman reitet zu 10 Prozent körperlich und zu 90 Prozent mental.

Kommunikation mit dem Pferd kann also mehr als das Physische beinhalten.
Ich muss nicht immer meine Hände benutzen, um am Seil zu ziehen oder das Pferd mit direktem Druck auf dem Fell zum Weichen aufzufordern.
Machen Sie sich Ihre Intention bewusst und lassen Sie Ihre Körpersprache Ihre Absichten spiegeln. Wenn Sie zum Beispiel wollen, dass das Pferd kommt, fassen Sie nicht gleich das Seil fester, sondern werden Sie einladender mit Ihrem Körper. Bitten Sie das Pferd, zu Ihnen zu kommen, indem Sie den Raum freigeben, den es einnehmen soll. Testen Sie, wo und ob Sie körperliche Hilfen verfeinern und vielleicht in mentale umwandeln können. Wenn es nur für die mentale Hilfe noch nicht reicht, dann versuchen Sie körperliche Signale mit geistigen Bildern zu unterstützen.

Vom Wiederholen

Wenn wir etwas meistern wollen, führt an Übung und Wiederholung kein Weg vorbei. Manchmal geht es uns nicht schnell genug, wir sind frustriert, weil die Ergebnisse ausbleiben oder wir das Gefühl haben, immer wieder von vorn zu beginnen. Und dann stellen sich Gedanken ein wie: *Das bekomme ich nie hin. Ich bin zu ungeschickt.* Oder wir suchen die Schuld beim Pferd und unterstellen, dass es sich absichtlich blöd anstellt.
Mir hilft in solchen Situationen ein Blick auf die großen Horsemen, für die die Notwendigkeit von Wiederholung eine Selbstverständlichkeit ist, die man nicht emotional überfrachten muss:

Zitate bekannter Horsemen als Hilfestellungen
♦ *"Consistency is a great teacher."* (Pat Parelli) *(„Konstanz ist eine großartige Lehrerin.")*
♦ *"I don't care where I start out. I care where I end up."* (Buck Brannaman) *(„Es ist mir egal, wo ich beginne. Mir ist wichtig, wo ich aufhöre.")*
♦ *"It'll probably take more than once but less than a million times."* (Ray Hunt) *(„Es wird wahrscheinlich mehr als einmal, aber weniger als eine Million Mal brauchen.")*

Brannaman sagt, dass es ihm egal ist, wo er mit dem Pferd anfängt, wichtig ist das Ergebnis. Das bedeutet, dass ich geduldig sein kann – auch wenn das Pferd immer wieder Probleme mit einer Situation hat, die wir schon diverse Male geübt haben. Dann übt man eben weiter – die Angst wird sich verlieren. Brannaman redet nicht von Wiederholungen im Zehner-, sondern im Hunderter- oder sogar Tausenderbereich. Dabei geht vielen von uns doch schon die Geduld aus, wenn wir drei- oder viermal das Gleiche verlangen, und das Pferd es immer noch nicht umsetzen kann.
Auch bei Reining- und Horsemanship-Trainer Warwick Schiller findet sich diese Denkweise: Er vergleicht das Lernen des Pferdes mit dem des Menschen: Als Erwachsener erinnern wir uns wahrscheinlich nur noch schwer an die genauen Daten des pfälzischen Erbfolgekrieges. Das hat man im Geschichtsunterricht vor Jahren einmal behandelt und genauso schnell wieder vergessen [wenn man nicht gerade (Hobby-)Historiker ist]. Das ABC dagegen ist uns blind vertraut, weil wir es immer und immer wieder geübt haben und es uns täglich begegnet. Mit Pferden ist es ähnlich:

Wenn ein Verhalten zur Gewohnheit werden soll, muss es trainiert und wiederholt werden. Und das braucht Zeit.

Vom Ganzen und seinen Teilen

Ein Konzept aus dem Horsemanship ist nicht die angestrebte Lektion als Ganzes zu üben. Stattdessen baut man sie auseinander, übt die einzelnen Teile und setzt diese am Ende wieder zusammen. Wenn ich zum Beispiel Probleme mit Seitengängen habe, dann teste ich, wie gut das Pferd mit der Schulter weicht, wie gut es mit der Hinterhand untertritt und ob es sein Vorwärts unter Kontrolle hat. Probleme lassen sich so isolieren, einzeln adressieren und lösen. Fordere ich direkt die komplette Lektion, muss ich mit meinen Korrekturen sehr schnell und präzise sein. Außerdem muss das Pferd sie sofort umsetzen können. Das überfordert häufig Pferd wie Mensch. Der Charme dieser Herangehensweise ist auch, dass mein Pferd immer gut vorbereitet ist: Es kennt die Antworten, bevor ich die Frage stelle; ich verlange kein Seitwärts, bevor ich nicht weiß, dass seine Komponenten – die Kontrolle des Vorwärts und das klare Übertreten – zuverlässig abrufbar sind. Im Falle eines Problems gehe ich den Weg einfach wieder zurück, baue die Übung wieder in ihre Einzelteile auseinander und schaue, woran es im Detail hakt. Häufig fällt mir dabei auf, dass nur, weil eine

Übung am Vortag ganz vortrefflich funktioniert hat, das nicht bedeutet, dass sie am Folgetag genauso sicher abrufbar sein wird. Da empfiehlt es sich, die Einzelteile der Lektion als Vorbereitung zu reiten, als Test, wo das Pferd heute steht, und sie danach zusammenzusetzen.

Fallbeispiel

Ich arbeite mit meinem Projektwallach ab und an frei und wollte, dass er an meiner Schulter mitgaloppiert. Auf der linken, seiner besseren Hand, ist das auch kein Problem. Es fehlt zwar noch etwas bis zur Pirouette, aber er geht auch Wendungen willig mit. Auf der rechten Hand, wo es ihm auch körperlich schwerer fällt, galoppierte er zwar ebenfalls an, hielt aber mehr Abstand und ließ sich in Wendungen nicht gut steuern, fiel aus oder rannte weg.

Mein erster Korrekturversuch sah so aus: Ich rief den Galopp auf der problematischen rechten Hand immer wieder ab und versuchte dabei, meine Körpersprache zu verbessern. Ich drehte meine äußere Schulter mehr ein, um ihn nicht zu blockieren, und vermied zurückzuschauen, was ihn ebenfalls ausbremsen könnte. Wirklich verbessert haben wir uns aber nicht.
Dann habe ich die Übung für ein paar Monate ruhen lassen. Außerdem habe ich begonnen, mehr auf die Ausgewogenheit von beiden Seiten zu achten – weniger als bewusste Vorbereitung für unsere Galoppübung, sondern eher als allgemeinen Ansatz. Ich habe seine rechte Seite, die man als Reiter gerne mal vernachlässigt, bewusst mehr Reizen ausgesetzt. Ich bin von rechts aufgestiegen, habe von rechts geführt oder gesattelt. Beim Reiten trete ich eher selten in die Falle der Einseitigkeit: Die rechte Hand ist meine bessere, sodass er zumindest unterm Sattel viel rechtsherum bewegt und damit gebogen wird. Nur vom Boden aus lag der Schwerpunkt deutlich mehr auf links. Daran habe ich also über einige Wochen hinweg gearbeitet – und tue das immer noch. Wenn das Pferd auf beiden Händen gleich geschmeidig sein soll, muss es eben auch auf beiden Händen gleichmäßig ausgebildet werden.

Nach einiger Zeit habe ich dann mal wieder den Rechtsgalopp an der Schulter abgefragt. Er springt zwar noch nicht so gut wie auf der linken Seite, aber schon deutlich besser, obwohl ich die eigentliche Lektion überhaupt nicht trainiert hatte. Ich habe nicht den Rechtsgalopp, also das erwünschte Trainingsziel, exerziert, um ihn zu verbessern, sondern die Voraussetzungen dafür: Indem ich dem Pferd mehr Vertrauen in meine Aktionen auf seiner rechten Seite gab, habe ich ihm geholfen, auch im Galopp näher an meiner Schulter zu bleiben.

Auch wenn eine Lektion nicht auf Anhieb klappt, kann ich doch die kleinen Schritte steuern, die am Ende zum Ziel führen. Auf dem Weg dorthin decke ich Lücken in der Ausbildung auf und kann sie schließen, sodass das Pferd am Ende nicht nur die Wunschlektion ausführen kann, sondern auch für andere besser aufgestellt ist, da ich die Basis überprüft und stabilisiert sowie Probleme ausgeräumt habe.

„Phasen-weise“

Wir leiten eine Hilfe oder eine Aufforderung ans Pferd schrittweise ein, damit es Zeit hat, zu reagieren und die Lösung zu suchen, die den Druck verringert. Das Pferd lernt, dass schon ein kleines Signal eine Bedeutung hat, und wird feiner und leichter in den Hilfen.

Bei einer Fragestellung an das Pferd ist angemessener Druck wichtig, damit es eine Chance bekommt, sich auseinanderzusetzen und nach der geeigneten Lösung zu suchen.

Wenn das Pferd die korrekte Antwort gefunden hat, dann muss der Druck unmittelbar nachlassen, damit es begreift, dass es auf dem richtigen Weg ist.

Je nach Horsemanship-Schule arbeitet man mit unterschiedlicher Anzahl an Phasen; manche benutzen vier und steigern den Druck entsprechend in vier Stufen, andere fordern das Pferd einmal freundlich auf und setzen dann direkt so viel Druck wie nötig ein, um das Gewünschte zu erreichen, was zwei Stufen entspricht.

Bei der Anwendung von Phasen fallen mir zwei Fehler immer wieder auf:

Der erste Fehler: Die erste Aufforderung ist nicht leicht genug. Der Mensch macht von Anfang an zu viel Druck, statt dem Pferd zunächst einmal ein faires Angebot zu unterbreiten, auf das es reagieren kann. Das hat zur Folge, dass unserem ersten Befehl nicht mehr viel folgen kann. Steigt der Mensch schon mit viel Druck in die Konversation ein, was für das Pferd einem Anschreien aus dem Nichts gleichkommt, hat er nicht mehr viele Möglichkeiten den Druck weiter zu erhöhen, wenn die erwünschte Reaktion ausbleibt. Wenn es also darum geht, effektiv zu sein und dem Pferd deutlich zu sagen, was es zu tun hat, haben viele ihre Munition schon verschossen und keine Argumente mehr. Das Pferd stumpft so nicht nur ab, sondern lernt auch, dass es mit dem unerwünschten Verhalten durchkommt. Zudem lernt es, dass das unerwünschte Verhalten erwünscht war. Es wird von vornherein angeschnauzt (das geht auch mit Körpersprache), kann am Ende aber trotzdem machen, was es will – gute Kommunikation sieht anders aus.

Der zweite Fehler: Die letzte Druckphase ist emotional und zu heftig. Wenn das Pferd auf freundliches Nachfragen immer noch nicht reagiert, darf man ruhig deutlicher werden. Allerdings nicht, um das Pferd mit viel Druck zu überfallen und zu bestrafen, sondern um klarzumachen, dass eine Reaktion erwartet wird. Das Verhältnis der letzten Phase zu den ersten Anfragen muss stimmen. Ich kann nicht stundenlang vorsichtig nach einem Rückwärts fragen, mich dazwischen ablenken lassen und abbrechen, auch wenn das Pferd nicht reagiert, um dann plötzlich mit Dampf das Rückwärts kompromisslos einzufordern. Für das

Pferd kommt das einem Überfall aus dem Nichts gleich – hat es sich doch darauf eingestellt, dass es nicht reagieren muss, da der Mensch nicht konsequent eine Antwort verlangt und unklar ist in dem, was er will. Lapidare Phase eins und knallende, völlig unverhältnismäßige letzte Phase: Ein solches Szenario ist wahrscheinlich, wenn der Mensch sich vom Pferd veräppelt fühlt, ihm die Geduld ausgeht und er meint, hart durchgreifen zu müssen. Das wäre nicht nötig, wenn er von Anfang an klargemacht hätte, dass er es ernst meint. Angemessenheit und die gleiche stoische Haltung hinter allen Phasen sind hier die Schlüssel zum Erfolg.

Hier ist die Aufgabe für die Trainerin klar: Das Pferd soll sich lateral biegen. Deutlich und impulsartig vermittelt sie dem Pferd, was es machen soll.

Sie bleibt bei ihrem Anliegen und fordert das Pferd weiterhin konsequent auf. Da es noch nicht ausreichend nachgibt, erhöht sie den Druck.

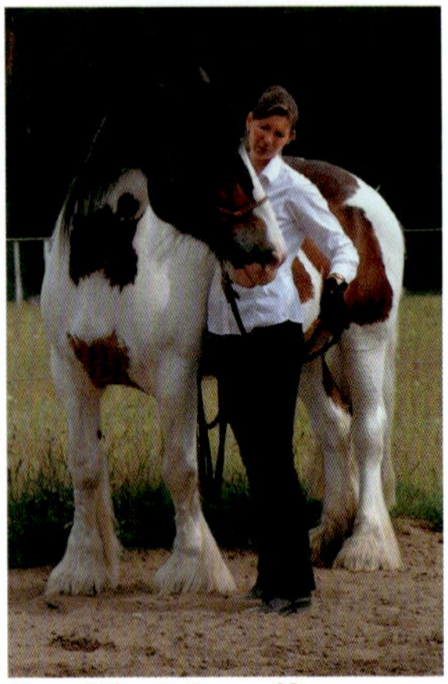

Das Pferd begreift, was es machen soll. Es gibt nach – genauso die Trainerin, damit ihr Pferd langfristig lernt und das Nachgeben als Lob begreift.

Wenn die erste Aufforderung von freundlicher Nachgiebigkeit begleitet wird, das finale Durchsetzen aber mit Wut und Groll, schadet man der Kommunikation, macht sich unglaubwürdig und unberechenbar.

Machen Sie stattdessen von Anfang an bestimmt deutlich, was Sie erwarten und fordern Sie es dann ruhig ein.

Sind wir zu langweilig?

Langweilen wir unsere Pferde? Das mag nicht die erste Frage sein, die uns in den Sinn kommt, wenn wir über unser Verhältnis mit dem Tier nachdenken und es gibt sicher einige, die dringlicher sind. Bevor ich über Langeweile nachdenke, wende ich mich zum Beispiel erst einmal der Sicherheit zu. Dennoch kann die Antwort auf die Frage nach Langeweile Auskunft darüber geben, ob die Beziehung zu unserem Pferd gut oder doch eher mittelmäßig ist.

Fallbeispiel

In meinem Fall kam ein Moment der Klarheit, als ich spontan beschlossen habe von rechts, statt von links aufzusteigen. Wenn ich auf einem Stuhl stehe, lässt sich mein Projektpferd seitlich heran dirigieren und so positionieren, dass ich bequem aufsteigen kann – von der linken Seite. Ich stieg auf den Stuhl und habe ihn aufgefordert, sich in Position zu bringen, nur eben von der ungewohnten Seite – er hat sich sofort herumgedreht und mir seine linke angeboten. Einige Minuten hat es gedauert, bis ich ihm verständlich machen konnte, dass es die andere Seite war, die ich wollte. Ich bin überzeugt, dass er nicht wegen meiner Hilfen verwirrt war, schließlich habe ich ihm mit den Signalen am Seil deutlich zu verstehen gegeben, wo er seinen Kopf hinwenden soll, und auch das Tippen der Gerte über den Rücken auf die Kruppe kennt er als Aufforderung, seinen Hintern zu mir herüber zu schieben. Er war verwirrt, weil er etwas anderes von mir erwartet hat und ich seine Erwartungen nicht erfüllt habe. Ich könnte sein Verhalten jetzt als fehlende Bereitschaft zuzuhören interpretieren, aber er hat zugehört. Er hat einfach nicht damit gerechnet, dass ich etwas anderes verlangen würde als normalerweise. Er hat einfach nicht geglaubt, dass ich auf der anderen Seite als sonst aufsteigen wollen würde.

Wenn ich unsere Routine einmal verändere und damit solche Verwirrung stifte, was sagt das über mich und unsere Routine aus? In diesem Fall ist mein Projektpferd wie ein Wahrsager, der genau weiß, was ich wann tun werde.

Als ich ihn endlich positioniert hatte und aufgesessen war, saß ich auf einem komplett veränderten Pferd. Es war die verkörperte Aufmerksamkeit, gehorsam wie immer, aber dabei interessiert und gespannt, was als Nächstes kommen würde. Ich konnte ihn fast mit meinen Gedanken steuern.

Die Schlussfolgerungen aus dieser Erfahrung wären also zum einen, seine Gewohnheiten ab und an aufzubrechen – es reicht schon, einfach mal die Seiten zu wechseln und statt von links, von rechts zu satteln und zu trensen. Bereichern wir den Alltag mit neuen Erfahrungen sowie neuen Aufgaben und verdienen wir die Aufmerksamkeit unserer Pferde, statt sie nur einzufordern. Wenn wir gute Lehrer sind, haben wir das nämlich gar nicht nötig. Die andere Schlussfolgerung wäre, dass schon eine kleine Veränderung in unserem Verhalten ausreichen kann, eine große Veränderung bei unserem Pferd auszulösen.

Der Blick aufs Detail lohnt sich – immer.

Pferdeohren und was sie uns mitteilen

Ich verstehe nicht, warum man sich in der Dressur nach vorne gerichtete Ohren beim Pferd wünscht. Ich ziehe es vor, wenn die Ohren zu mir nach hinten zeigen. Weil ich dann weiß, dass mein Pferd mir zuhört und seine Aufmerksamkeit auf mich gerichtet ist. Klappt es die Ohren dagegen nach vorn (was beim Springreiten angebracht ist), ist das meistens damit verbunden, eine potenziell gefährliche Ecke in „Ohrenschein“ zu nehmen – meine Hilfen und Ansagen rutschen dann in den Hintergrund.

Ohren hinten, das heißt, das Ohr rotiert an seiner Wurzel nach hinten, ist nicht flach angelegt und pendelt auch nicht saftlos seitlich am Kopf – das Pferd ist konzentriert.

Wenn ich eine Hilfe gebe und sie kommt nicht durch, das Pferd reagiert nicht, wie es soll, dann lohnt sich für mich immer ein Blick auf die Ohren, da sie mir direkt zeigen, wo die Aufmerksamkeit des Pferdes liegt – auf mir und den Signalen, die da hinten aus dem Sattel kommen, oder anderswo im Raum.
Bestätigen mir die Ohren, dass sich mein Pferd konzentriert, aber trotzdem erfolgt keine oder nicht die richtige Reaktion auf meine Aufforderung, dann liegt ein Verständnisproblem vor. Wären seine Ohren (und damit sein Kopf) nicht bei mir, ist die gescheiterte Umsetzung auf fehlende Aufmerksamkeit zurückzuführen. Das klingt jetzt etwas nach Binsenweisheit, aber das Vorgehen unterscheidet sich in den beiden Fällen. Im ersten, wenn das Pferd versucht zu verstehen, lohnt es sich, die Hilfe zu variieren, anders zu geben, statt sie verstärkt zu wiederholen. Das gleiche Signal, das schon im ersten Versuch nicht funktioniert hat, zu verstärken, wäre in etwa so, als würden wir eine Aufforderung erst freundlich aussprechen und dann herausbrüllen. Wer die Aussage in normaler Lautstärke inhaltlich nicht versteht, dem hilft auch die Wiederholung mit mehr Dezibel nicht.

Wie kann ich dem Pferd also das Verständnis erleichtern? Innerhalb der Ursprungshilfe gibt es ein paar Parameter, die wir verändern können. Da wäre zum einen der Sitz: Wie sitzen wir im Moment der Hilfe auf dem Pferd? Bringen wir es aus der Balance, weil unser Schwerpunkt zu sehr von seinem abweicht oder sitzen wir ihm im Weg, was etwa der Fall wäre, wenn wir das linke Vorderbein bewegen wollen, aber nach links vorn unser Gewicht verlagern?
Ein weiteres Element, das sich zu prüfen lohnt, ist unsere Energie: Wohin geht sie? Das lässt sich am leichtesten ermitteln, wenn uns bewusst ist, wohin wir schauen. Ist unsere Energie hilfreich oder behindert sie das Pferd? Wenn ich will, dass das Pferd durchpariert, aber selbst eine hohe Energie transportiere, sende ich widersprüchliche Signale. Die letzten Faktoren beim Variieren (oder Verbessern) einer Hilfe sind *Intention* und *Emotion*. Will der Reiter tatsächlich, was er vom Pferd verlangt? Oder hat er Angst, fühlt sich nicht wohl auf dem Pferderücken und gibt nur die Galopphilfe, ohne wirklich schneller werden zu wollen? In diesem Fall wird das Pferd höchstwahrscheinlich nicht der Hilfe gehorchen, sondern den Emotionen des Reiters.
Dieser Ansatz, die Hilfe im Falle eines Missverständnisses nicht zu verstärken, sondern zu verändern, kann sehr hilfreich sein, greift aber nicht in allen Fällen. Zum einen dann nicht,

wenn das Pferd – wie oben erwähnt – nicht zuhört, sprich, wenn seine Ohren darauf hinweisen, dass seine Aufmerksamkeit gerade auf etwas anderem liegt. Da ist es durchaus legitim, das Pferd mit einer etwas schärferen Aufforderung daran zu erinnern, dass ein Reiter vorhanden ist. Zum anderen, wenn die Hilfe neu etabliert wird: Wenn das Pferd die Hilfe nicht kennt, ist eine Verstärkung oder das Aufrechterhalten der Hilfe notwendig, solange das Pferd sucht, bis es die richtige Lösung gefunden hat. Schließlich will man ihm eine spezielle Reaktion auf eine bestimmte Hilfe beibringen – da ist es wenig hilfreich, das Signal gleich zu verwässern. Wenn eine Hilfe variiert wird, bleibt die Veränderung im Rahmen der Ursprungshilfe, nur die oben genannten Nuancen (Schwerpunkt, Energie, Intention) werden angepasst. Sie sind Teil jeder Hilfe, werden aber gern mal vernachlässigt, auch wenn sie für feines Reiten unabdingbar sind.

Eine Anpassung der Hilfe im Falle eines Missverständnisses ist auch immer eine Überprüfung des Reiters und der Klarheit seiner Signale.

Praxistipp

Wenn ich meinem Pferd das Rückwärtsrichten mit angenommenen Zügeln und rhythmischem Schenkeldruck beigebracht habe, darf ich als Variation der Hilfe den rhythmischen Schenkeldruck nicht auf Dauerdruck umstellen. Wir müssen uns schon im Rahmen der Ursprungshilfe bewegen, um das Tier (und uns) nicht zu verwirren. Was wir dagegen anpassen können, sind die Nuancen der Ursprungshilfe:

- *Schaue ich beim Rückwärtsrichten auf den Widerrist des Pferdes (nach unten) und belaste damit die Vorhand, die eigentlich leicht werden sollte, zusätzlich?*
- *Oder schaue ich weit über die Ohren hinaus?*
- *Lehne ich mich nach vorne oder sitze ich ein?*
- *Rollt meine Hüfte nach hinten?*
- *Ziehe ich meinen Bauchnabel ein?*
- *Denke ich ans Rückwärts oder bin ich mental schon beim Galopp, den ich aus dem Stand als nächstes verlangen will?*

All das sind Stellschrauben innerhalb einer Hilfe, an denen wir drehen können, um unserem Pferd das Verständnis zu erleichtern.

Wenn Simulationen nichts bringen

Mittlerweile ist es eine gängige Praxis, ein Pferd auf neue Situationen vorzubereiten und auf einige äußere Reize abzuhärten, damit es sich besser in unserer vom Menschen bestimmten Welt zurechtfindet. Wer eine Fahrt im Hänger plant, testet, wie gut sein Pferd auf ungewohnte Untergründe wie Planen oder Holzbretter tritt und wie gut es mit Engpässen umgehen kann. Wer ausreiten will, tut gut daran, sein Pferd im Vorfeld mit Regenschirmen oder Flatterbändern zu konfrontieren, die einem im Wald durchaus begegnen können.

Wenn das Pferd in der Simulation schon Probleme hat, ist die Wahrscheinlichkeit groß, dass es die auch im Ernstfall zeigen wird.

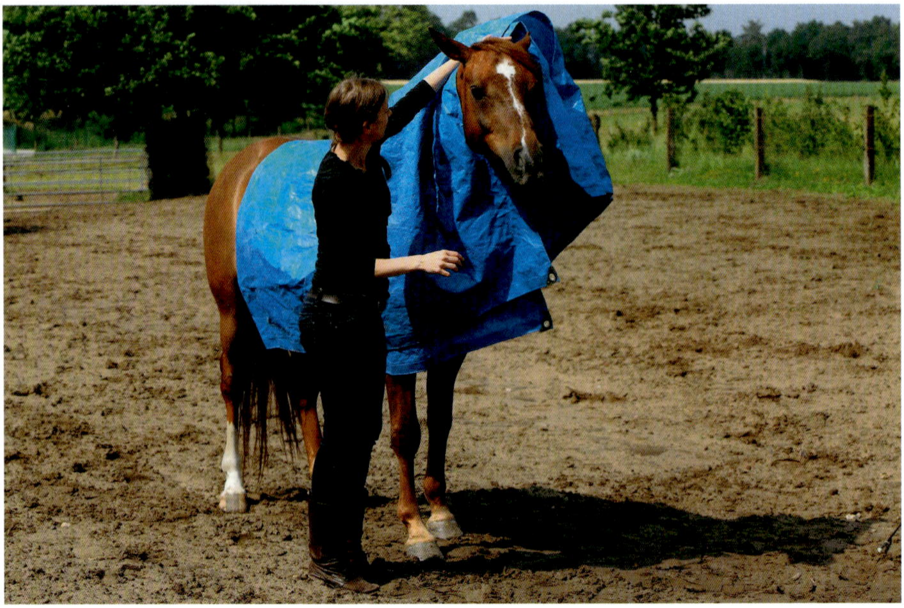

Im Idealfall lernt das Pferd dank der Simulation Gelassenheit und gewöhnt sich an verschiedene Reize – wie hier bei der Konfrontation mit einer Plane.

Entsprechend problemlos soll es dann auf den Hänger gehen beziehungsweise beim Anblick von Regenschirmen oder Absperrbändern im Wald nicht mit der Wimper zucken. Leider ist das nicht immer der Fall, denn manches Pferd spielt begeistert mit der Knisterplane und interessiert sich nicht im Geringsten für das Plastikband, das da am Stick durch die Gegend gezogen und gewirbelt wird. Aber wehe, es geht an den echten Hänger und wehe, das Flatterband hängt statt an der Peitsche zwischen zwei Bäumen. Ich kenne drei Erklärungsansätze, wann und warum Simulationen nicht immer funktionieren:

1) Eine Simulation bildet die Realität nur bedingt ab, sodass man das Pferd nicht 100-prozentig auf alle Eventualitäten vorbereiten kann. Hinzu kommt, dass der Mensch mit seinem Pferd normalerweise in einem begrenzten Raum wie der Halle oder auf dem Platz übt. Dabei bleiben die Orte die gleichen, nur die Gegenstände, mit denen gearbeitet wird, variieren. Das Pferd lernt also, dass Sprühflasche, Flatterband und Luftballons in der Halle nicht beißen. Es verknüpft das Gefahrenpotenzial von Gegenständen mit ihrem Umfeld. Damit verliert die Simulation an Wirkungskraft. Letztlich soll das Pferd lernen, dass die Sprühflasche nicht nur in der Halle nicht angreift, sondern auch auf dem Paddock und in der Stallgasse harmlos ist. Abhilfe schafft hier, an unterschiedlichen Orten zu üben.
2) Der Faktor Mensch spielt in der Rechnung eine Rolle. Schließlich übt man mit dem Pferd gerne da, wo man sich selbst sicher fühlt: auf einem umzäunten Platz oder gleich

in der Halle (das ist auch ratsam, wenn man die Reaktion des Pferdes nicht genau einschätzen kann). Entsprechend wird der Mensch mit einer anderen Erwartung ins offene Gelände gehen und sich auch anders verhalten. Das Pferd spürt das. Wenn sein Mensch mit dem Flatterband in der Halle kein Problem hat, aber das Scheuen im Wald antizipiert (obwohl das Pferd noch gar nicht reagiert hat), dann wird das Pferd sehr wahrscheinlich der Unsicherheit des Menschen folgen und selbst Zweifel an der Harmlosigkeit des Flatterbandes hegen. Das, was man vermeiden wollte, hat man selbst ausgelöst: Das Pferd bekommt Angst, scheut oder geht durch – trotz diverser Desensibilisierungs-Aktionen in der Halle. Eine selbsterfüllende Prophezeiung tritt ein.

3) Auch der mentale und emotionale Zustand des Pferdes kann eine eigentlich gut vorbereitete Situation kippen lassen. Ist das Pferd, aus welchen Gründen auch immer, schon aufgeregt und ängstlich und kommt dann noch der ehemals angsteinflößende Reiz dazu, kann der das Fass zum Überlaufen und das Pferd zum Überreagieren veranlassen. Dabei ist es egal, ob es dem Flatterband zum hundertsten Mal ausgesetzt ist – ein aufgeregtes Pferd nimmt seine Umwelt anders wahr. Was sonst als ungefährlich durchgeht, kann Grund genug zum Scheuen sein. Vielleicht kennen Sie eine vergleichbare Situation vom Reiten in der Halle: Im Schritt geht ihr Pferd problemlos an der Ecke des Grauens vorbei. Aber im Trab macht es einen riesigen Bogen. Hier reicht schon das höhere Tempo, um die Wahrnehmung des Pferdes zu verändern. Hat es beim Ausritt noch mehr Adrenalin im Blut, kann seine Reaktion entsprechend schärfer ausfallen.

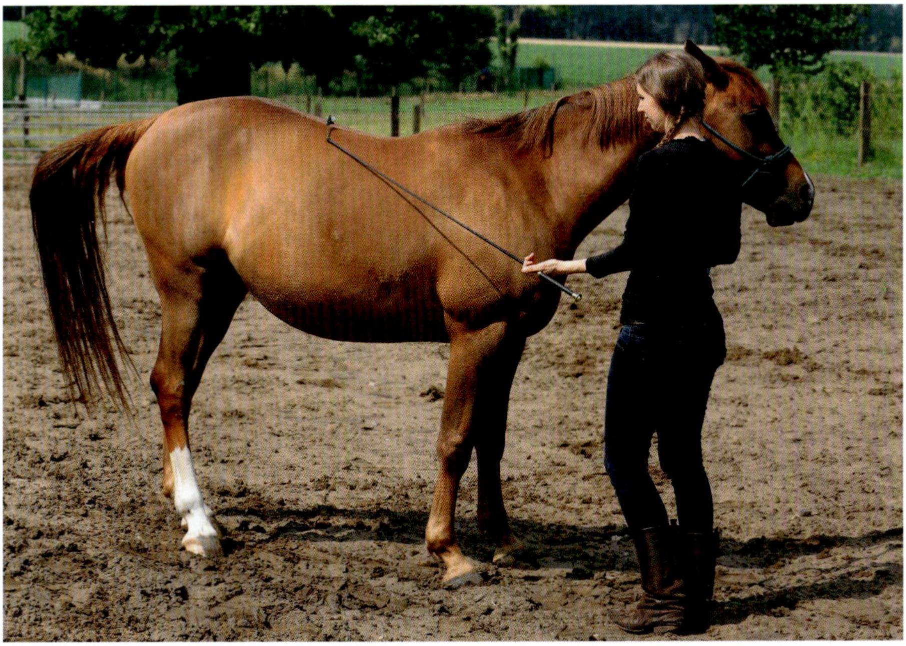

Wenn Sie Ihr Pferd im geschützten Rahmen an unterschiedlichen Orten mit verschiedenen Reizen konfrontieren, sollten Sie darauf achten, dass Sie sich mental nicht das Scheitern ausmalen und Ihrem Pferd dabei helfen, aufmerksam zu sein; dann sollten Simulationen ihren Zweck erfüllen – wie hier bei der Körperarbeit mit einer Gerte, um die Gelassenheit zu schulen.

Nimm die Hände weg

Vor Jahren benutzten sie maximal Exoten, heute gehören Halsringe in allen Farben zum Sortiment eines guten Pferdeausstatters – und das mit Recht. Halsringreiten ist mehr als nur eine Spielerei zum Beeindrucken von Familie und/oder (Facebook-)Freunden. Es ist ein Test, nicht nur für die eigenen reiterlichen Fähigkeiten, sondern vor allem für die Kommunikation mit dem Pferd, denn, wenn man kaum Möglichkeit hat, mit den Händen einzuwirken, lernt man die Wahrheit über die Qualität seiner Gewichts- und Beinhilfen. So wird schnell klar, ob der Reiter die Zügel als Steuerungsinstrument missbraucht oder sein Pferd tatsächlich aus der Körpermitte heraus lenken kann. Außerdem verschiebt das Reiten mit Halsring den Fokus des Reiters: Wenn ich keine Zügel habe, an denen ich herumzupfen kann, die ich in der Länge anpassen, annehmen oder nachgeben muss, kann ich mich auf andere Teile meines Körpers konzentrieren und darauf, wie sie sich anfühlen. So wächst neben dem Bewusstsein für meinen eigenen Körper auch jenes für die Bewegungen des Pferdes.

Reiten nur mit Halsring (oder gar ganz ohne) sollte allerdings gut vorbereitet sein: Die folgenden Punkte sind die **Voraussetzungen** für das sichere Reiten ohne Zügel beziehungsweise ohne Kopfstück:

1) Kontrolle darf kein Problem mehr sein. Wer sein Pferd schon mit den Zügeln kaum bremsen oder anhalten kann, der versucht es besser erst gar nicht ohne. Das Pferd muss auf den Sitz und/oder die Atmung des Reiters hin anhalten können. Es muss in der Lage sein, am langen Zügel entspannt vorwärts zu gehen – in allen drei Gangarten.

2) Es ist eine gute Vorbereitung zu reiten, ohne die Zügel zu berühren. Macht man das konsequent, bekommt man ein klares Bild davon, wie gut das Pferd auf Sitz und Bein reagiert. Der Reiter sollte das Pferd mit der Ausrichtung seines Körpers und seinem Fokus steuern können und für die Richtungskontrolle ebenfalls keine Zügel mehr benötigen.
3) Idealerweise fängt man in einer kleinen Halle oder einem Roundpen an, wenn man die Zügel beziehungsweise das Kopfstück abnehmen will. Das Pferd kann dort keine hohe Geschwindigkeit aufbauen und der Rahmen ist sicher genug für Experimente. Klappt die Kommunikation, vergrößert man den Rahmen.

Praxistipp

Ich empfehle einen starren Halsring. Mein zunächst zum Halsring umfunktioniertes Seil war zu lang und rutschte zu weit auf der Brust des Pferdes herunter. Formstabile Ringe kann man außerdem gleichzeitig als innere und äußere Hilfe am Hals einsetzen, wenn man das Handgelenk kippt, sodass der Ring an der Außenseite eher in Richtung Nacken des Pferdes und innen Richtung Widerrist wirkt.
Statt eines Halsrings (oder zusätzlich) kann man auch zwei Gerten oder Sticks einsetzen, um eine noch effektivere Einwirkungsmöglichkeit auf den Kopf des Pferdes und damit auf die Richtung, die es einschlägt, zu haben. Ich finde diese Variante ebenfalls sehr lehrreich, da sie mir hilft zentriert und balanciert über dem Pferd im Sattel sitzen zu bleiben.

Ausrüstungsfragen – Knotenhalfter und Seil

Die erste Frage, die sich bei der Wahl der passenden Ausrüstung stellen sollte, ist folgende: ***Macht der Ausrüstungsgegenstand dem Pferd das erwünschte Verhalten leicht?***

Ausrüstung ist nicht alles und selbstverständlich kommt es auf die Hand an, die sie führt. Dennoch kann sie einen großen Unterschied machen, indem sie Probleme hervorruft und die Ausbildung des Pferdes behindert – nämlich dann, wenn sie dem Pferd ein Verhalten erleichtert, das wir nicht wünschen.

Wie wäre es zum Beispiel mit einem im Nacken und auf der Nase weich mit Fleece unterlegtem Webhalfter, damit das Pferd es schön bequem hat? Und dazu den farblich abgestimmten Baumwollstrick, weil der so gut in der Hand liegt. Spätestens bei Regen, wenn sich der Strick wie Gummi von seinen zwei Metern auf gefühlte drei Meter dehnt, kommt der Zug am Halfter im wahrsten Sinne des Wortes verwässert an. Dieses ist noch nett gepolstert und lädt das Pferd geradezu ein, den Kopf bequem hineinzuhängen und sich vom Menschen ziehen zu lassen. Halfter und Strick machen dem Pferd unerwünschtes Verhalten sehr leicht und uns die Korrektur sehr schwer.

Einer der Grundsätze des Horsemanship betont das Gegenteil des oben geschilderten Szenarios:

Das richtige Verhalten sollte leicht,
das unerwünschte schwer gemacht werden.

Für diesen Ansatz ist ein Knotenhalfter das ideale Werkzeug, da es dünn ist und ein Pferd sich nicht gern hineinlehnt.

So lernt es leicht, nicht gegen den Druck zu gehen, sondern ihm nachzugeben. Reagiert das Pferd richtig, ist das Knotenhalfter dank seines geringen Gewichts bequem und leicht am Kopf zu tragen. Kombiniert wird es mit einem Führseil, das in der Regel deutlich schwerer in der Hand liegt als der klassische Führstrick, sich nicht leicht in kleine Schlingen legt und sich nicht dehnt. Es lässt sich deutlich präziser einsetzen, da dank des größeren Gewichts die kleinsten Bewegungen auf das Knotenhalfter übertragen werden. Das ermöglicht eine klare Kommunikation mit wenig Aufwand und bereitet die späteren Zügelhilfen des Reiters vor. Knotenhalfter und Leadrope sind darauf ausgelegt, als Werkzeuge für die Kommunikation zwischen Mensch und Pferd zu dienen; Webhalfter und Führstrick sind das nicht.

Praxistipp: Worauf man beim Kauf achten sollte

Knotenhalfter und Leadropes gibt es mittlerweile in allen Größen, Farben und in diversen Materialien. Es lohnt sich, von Anfang an in die Profiqualität zu investieren – das Material ist langlebiger, das Seil geschmeidiger. Das Führseil muss deutlich schwerer in der Hand liegen als ein regulärer Strick; es lässt sich nicht so leicht knoten oder verbiegen, da es eine Seele hat – einen Kern aus einem anderen Material.

Ich persönlich mag keine Metallhaken am Pferdekopf und knote mein Seil in das Knotenhalfter. Die meisten Seile werden aber mit Karabinerhaken verkauft, die im Notfall auch eine Sollbruchstelle sind. Wer sein Seil ins Halfter knotet, muss sich darüber im Klaren sein, dass das Material hier im Notfall nicht reißen wird.

Knotenhalfter lassen sich zwar bis zu einem gewissen Grad an den Kopf des Pferdes anpassen, da der Verschlussknoten flexibel angebracht wird. Dennoch sollte man darauf achten, dass es nicht zu tief auf der Nase, direkt oberhalb der Nüstern, sitzt, da dort das Nasenbein schmal und spitz ausläuft. Ebenfalls ist es wichtig, dass der Kehlriemen hinter der Ganasche und nicht auf der Ganasche verläuft, sonst reibt er. Auch sollte das Stück um die Nase nicht zu weit ausfallen, der Knoten unterhalb des Kinns relativ nah (maximal eine Handbreit Abstand) am Pferdekopf liegen, damit das Halfter sich nicht zu stark am Kopf bewegt.

Die ambivalente Hand

Manchmal begegnen uns Pferde, die wir als unberechenbar einschätzen. *Aber wie sieht uns das Pferd? Verhält es sich vielleicht unberechenbar uns gegenüber, weil es unser Verhalten ebenfalls als nicht konstant ansieht, und versucht, sich zu schützen?*

Fallbeispiel

Ich hatte die Gelegenheit mit einer jungen Araberstute zu arbeiten, die mit der Flasche aufgezogen wurde. Danach erlebte sie eine Zeit der Unterernährung, aber ist jetzt endlich in guten Händen. Als ich dieses Pferd kennenlernte, fielen mir zuerst ihre Neugierde und Aufgeschlossenheit dem Menschen gegenüber auf. Sie ist ein unerschrockenes Pferd, hatte aber ein schwieriges, ambivalentes Verhältnis zur menschlichen Hand: Sie ließ sich am Kopf anfassen, aber nur, wenn die Hand aus einer bestimmten Richtung kam. Streckte man die Hand zum Beispiel von vorne gen Nase oder seitlich unterhalb des Auges in Richtung Kopf, versuchte die Stute die Berührung zu verhindern, indem sie den Kopf höher nahm oder sie die Hand attackierte und versuchte zu beißen. Es konnte auch passieren, dass sie den Menschen, der sie gerade am losen Seil führte, mit dem Maul angriff, wobei auch eine externe Stimulation wie ein Auto, das vorbeifuhr, den Angriff auslösen konnte. Alles in allem war ihr Verhalten unberechenbar. Verlass war nur darauf, dass sie sich wehrte, versuchte man ihren Kopf auf eine Art anzufassen, die ihr nicht passte. Das machte jegliche Art von Gymnastizierung, die mit einer gewissen Stellung von Kopf und Hals arbeitet, sehr schwierig.
Ich vermutete, dass wir Menschen diese Fixierung und diese heftigen Reaktionen auf die Hand selbst ausgelöst hatten. Die Stute hatte die Hand zunächst als Überbringer von

Futter und damit als etwas Überlebenswichtiges kennengelernt. Nach der Flaschenaufzucht versiegte diese Quelle zunächst. Forderte sie dann Futter aus der Hand ein, wurde diese auf einmal zu einem Instrument der Bestrafung: Die Stute wurde mit der Hand auf die Nase und den Kopf geschlagen.

Bei der neuen Besitzerin bekam sie ab und an noch Leckerlis aus der Hand und forderte dies auch ein. Wurde sie zu aufdringlich, erhob der Mensch aber wieder die Hand, um sie sich und ihre Aufdringlichkeit von der Pelle zu halten.

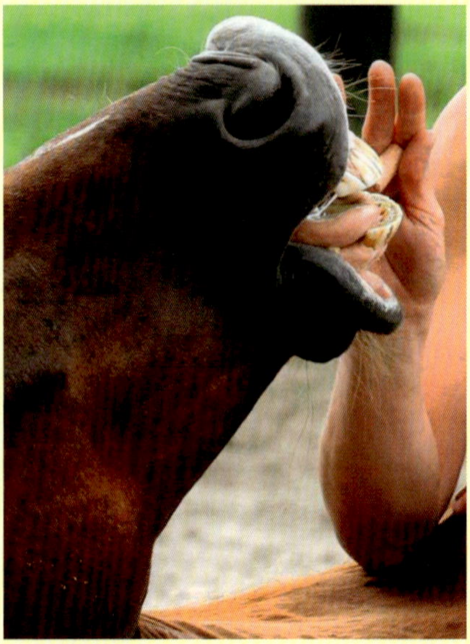

Futter und Strafe: Die Hand lieferte beide Extreme. Das Verhalten der Stute entsprach dem: Mal ließ sie die Berührung zu oder nahm höflich das Leckerli aus der Handfläche, mal wehrte sie sich heftig gegen die Hand und attackierte sie. Das Verhalten des Pferdes war für uns so unberechenbar, wie unser Verhalten für sie.

Ich wollte nun die Hand für das Pferd so neutral wie möglich machen, um von den extremen Erwartungen ihrerseits wegzukommen. Das bedeutete also: Kein Futter mehr aus der Hand, ebenso, dass die Hand nicht mehr gegen sie erhoben wird, um sie zu maßregeln. Da die Stute sehr intelligent ist und schnell Handlungen mit Ergebnissen verknüpft, hat es auch nicht ausgereicht, ein Leckerli auf den Boden zu legen und ihr dann zu erlauben es zu fressen. Die Stute verknüpfte das Futter dennoch mit der Hand, da die Hand es geliefert hatte. Nach vier Monaten konsequentem Verzicht auf das Füttern aus der Hand haben sich ihre Aggressivität und ihre Unberechenbarkeit deutlich gebessert. Ab und an fällt sie noch in das alte Muster und sie bleibt ein Pferd, das Dinge gern mit dem Maul erkundet. Aber ihr Ausdruck hat sich dabei verbessert, ist weicher geworden und auch die Arbeit am Kappzaum ist kein Problem mehr. Ich kann jetzt ihre Nase mit meiner Hand führen, ohne dass ich um meine Finger fürchten muss.

Was tun, wenn etwas nicht klappt – die Universallösung

Die meisten Probleme erfordern individuelle Lösungen. Schließlich ist jedes Pferd-Mensch-Paar eine einzigartige Konstellation und setzt sich wiederum aus zwei Individuen zusammen. *Wie will man da einen allgemeingültigen Ansatz bei Problemen finden?* Nichtsdestoweniger liegen vielen Konflikten oder Missverständnissen ähnliche Fehler (des Menschen) zugrunde. Die verschiedensten Menschen machen oft genau das Gleiche falsch. Folgende **Verhaltensweisen**, die sich negativ auf den Gehorsam des Pferdes und unsere Beziehung mit ihm auswirken, fallen mir immer wieder auf:

- **Der Mensch führt das Pferd eng (am Führstrick eine Handbreit unterm Pferdekinn oder an den Zügeln eine Handbreit unterhalb der Trensenringe).**

Ich habe anfangs die Auswirkungen davon unterschätzt. Pferde, die sich losreißen, über ihren Menschen drüber stürmen oder keinerlei Respekt für den persönlichen Raum des Menschen haben (weil der Mensch diesen Raum nicht respektiert und ihn nicht ausreichend verteidigt), werden meist eng geführt. Das Pferd so festzuhalten und einzuschränken, ist die Wurzel der obengenannten Übel. Alles Zurückschicken, alles wilde Verteidigen unseres Individualraums, alle Übungen für mehr Respekt sind vergebens, wenn der Mensch nicht lernt, beim Führen loszulassen und dem Pferd damit einen Teil der Kontrolle zurückzugeben. Tun wir das nicht, verwehren wir dem Pferd die Chance zu lernen, sich selbst unter Kontrolle zu haben. Oft reicht es aus, den Führstrick länger zu lassen, um ein hektisches Pferd ruhiger zu machen.

- **Wie ist die generelle Einstellung des Pferdes zum Menschen und zu dessen Anfragen?**

Ist das Pferd willig und aufmerksam oder eher mürrisch und desinteressiert oder sogar widersetzlich? Erst wenn wir das Pferd mental auf unserer Seite haben, können sich beide auf das konzentrieren, was ansteht, statt Energie für Kämpfe und Diskussionen zu verschwenden. Unsere Aufgabe ist, die „Nein"-Antworten unserer Pferde aufzuspüren und sie nach und nach in „Jas" umzuwandeln.

- **Das Pferd muss mehr machen als der Mensch.**

Es muss mehr Energie in eine Aufgabe stecken, als der Mensch für sein Kommando braucht. Wir alle haben wahrscheinlich schon einmal in der Mitte des Zirkels gestanden, Peitsche und Longe in der Hand, mit einem wenig bewegungsfreudigen Pferd auf der Kreisbahn. Da passiert es schneller als erwartet, dass der Mensch in der Mitte hart mit Stimme und Peitsche arbeitet, um das Pferd vorwärts zu bekommen, während das Pferd immer mehr an Energie einbüßt und wir am Ende jeden Schritt heraustreiben. Wer arbeitet da wohl mehr, Pferd oder Mensch? In dieser Beziehung darf kein Gleichgewicht herrschen: Aktiv angefragt, also abseits von gemeinsamen Ruhephasen, muss das Pferd mehr tun als der Mensch – und die Bereitschaft dafür mitbringen. Hat es die nicht, muss sie erarbeitet werden. Wenn wir ständig damit beschäftigt sind, unser Pferd aufzufordern, sich mehr einzubringen und sich mehr anzustrengen, kommen wir vor lauter Treiben nicht dazu, uns mit den wesentlichen Inhalten der Lektionen oder unserer Trainingseinheit zu beschäftigen. Mehr Energie vom Pferd erhalten wir folgendermaßen: Wir beginnen immer mit einem kleinen Signal, sodass das Pferd die Chance hat, auf wenig zu reagieren und wir die Möglichkeit, die Hilfe zu verstärken. Wir hören aber sofort auf, sobald das Pferd die gewünschte Reaktion zeigt. Manchmal führt kein Weg an der Eskalation der Hilfen vorbei. Wichtig ist, dass wir die gewünschte Reaktion vom Pferd bekommen, damit wir es dann wieder in Ruhe lassen können. Der Mensch setzt sich zum einen also durch, versucht durch Pausen und Aussetzen der Hilfen dem Pferd den Gehorsam aber auch so angenehm wie möglich zu machen.

- **Wer geht nach vorne, wer weicht zurück?**

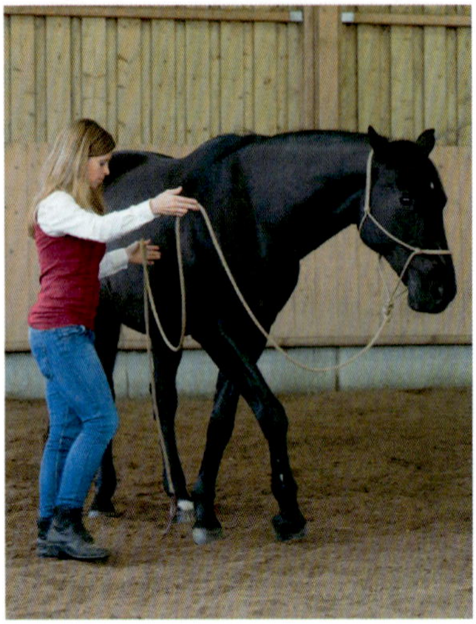

Bei den meisten Übungen, die wir mit dem Pferd am Boden ausführen, finden wir Menschen uns in einer treibenden beziehungsweise schiebenden Rolle wieder. Wir bewegen uns nach vorne und das Pferd weicht uns. So zumindest sollte es sein. Häufig allerdings drehen wir die Rollen um. Der Mensch geht dann unbewusst rückwärts, während das Pferd ihn mit seinem Körper, oft mit der Schulter, schiebt. Häufig lässt sich das beim Longieren beobachten oder beim Bewegen der Hinterhand vom Boden. Das Pferd verkürzt den Zirkel oder fällt auf die innere Schulter, der Mensch macht instinktiv einen Schritt rückwärts. Oder er geht nach vorn, um die Hinterhand wegzuschicken, das Pferd weicht zwar, macht aber gleichzeitig einen Schritt mit den Vorderbeinen auf den Menschen zu und dieser geht breitwillig zur Seite. Dieses unbewusste Weichen ist für sich genommen vielleicht nicht besonders dramatisch, lehrt das Pferd aber langfristig, dass es uns Menschen bewegen kann und dass wir keinen großen Wert auf Raumbeziehungen legen. Schlimmstenfalls erzieht man sich auf diese Weise Pferde, die in Schreckmomenten auf ihren Menschen springen oder diesen überrennen. Haben wir dagegen klare Grenzen und Raumkontrolle etabliert, sind wir den größten und für das Pferd wichtigsten Schritt in Richtung klare Kommunikation und Sicherheit gegangen.

- **Wie ist die Qualität der Übungen, die die Voraussetzungen für unser angestrebtes Ziel bilden?**

Wenn Präzision, Genauigkeit und ein ordentliches Tempo schon im Kleinen fehlen, sollte ich mich nicht an Großes heranwagen, sondern erst die Löcher in der Basis stopfen. Qualität ist dabei der wichtigste Faktor. Es reicht nicht, eine Übung einfach irgendwie auszuführen und hinter sich zu bringen – vor allem dann nicht, wenn wir darauf etwas anderes aufbauen wollen: Aus einer schleppenden Vorhandverschiebung und einem widerwilligen Herumschwingen des Pferdehinterns wird kein elegantes und flüssiges Seitwärts. Verbessere ich aber die Voraussetzungen und erreiche ein weiches Verschieben von Vor- und Hinterhand, dann kommt das Seitwärts von allein.

- **Lernprozesse sind nicht linear.**
Das Pferd wird nicht allmählich immer besser und besser und am Ende steht das perfekte Ergebnis. Manchmal steht eine riesige Verständnishürde am Anfang der Einheit. Ist die erst einmal genommen, geht alles Weitere sehr schnell vonstatten. Manchmal mühen wir uns in zähen Schritten voran, wiederholen, fragen immer wieder das Gleiche, haben den Eindruck, das wird ewig so weitergehen – doch dann setzt das Verständnis beim Pferd ein und ab da haben wir unser Ziel innerhalb weniger Minuten erarbeitet. Manchmal macht das Pferd allmähliche Fortschritte, wir erwarten einen weiteren und alles fliegt uns sprichwörtlich um die Ohren, das Pferd überreagiert und wir haben das Gefühl, wieder von vorne anfangen zu müssen. Müssen wir aber nicht. Den größten Ausbrüchen folgen oft die Momente, in denen Pferd und Mensch ein Licht aufgeht. Nur, weil sich das Lernen und Lehren heute zäh hinziehen, bedeutet das nicht, dass sich das morgen wiederholen wird.

Der Weg zur aktiven Hinterhand

Wir alle wünschen uns eine aktive Hinterhand des Pferdes. Ohne aktive Hinterhand keine Versammlung. Ohne Versammlung kein langfristig gesundes Pferd. Leider vernachlässigt konventionelles Training den Einfluss der Gedanken des Pferdes auf seinen Körper: Um ein ordentlich untertretendes Hinterbein zu bekommen, müssen wir das Pferd nicht bei jedem Schritt darauf hinweisen und treiben. Die wenigsten treibenden Schenkel veranlassen das Pferd tatsächlich zum vermehrten Untertreten. Stattdessen halten sie es bloß am Laufen. Die Aufforderung, mehr Last aufzunehmen verhallt ungehört – das Pferd blendet die Dauerbeschallung einfach aus. Hören wir auf zu treiben, bleibt das Pferd stehen. So ist das nicht gedacht.
Auch das Exerzieren von Übergängen und Tempowechseln hilft nur bedingt. Schließlich kann das Pferd diese auch auf der Vorhand und mit mäßigem Einsatz seiner Hinterbeine absolvieren.

Der Schlüssel für mehr Lastaufnahme von hinten liegt im Kopf des Pferdes: Er muss eingeschaltet sein und das Pferd nicht nur Hilfe, sondern auch deren Sinn verstanden haben.

Das Verständnis der Hilfe allein gibt uns ein Pferd, das bereit ist zu reagieren. Das Verständnis des Sinns hinter der Hilfe gibt uns seine Willigkeit. Ein Pferd, das beides ist – bereit und willig –, wird seinen Körper ganz anders einsetzen als eines, das darum gebeten werden muss und sich mental ausgeklinkt hat. Beides erschafft man mit Abwechslung und geschicktem Aufbau der Aufgaben:

Wenn ich zum Beispiel möchte, dass mein Pferd mehr Gewicht auf die Hinterhand bringt, dann frage ich nicht nach mehr Hinterhand, sondern lasse es seine Vorhand bewegen. Das wird ihm schwerfallen, wenn es sein ganzes Gewicht auf den Vorderbeinen parkt. Das Pferd sieht so bei diesem Manöver einen Sinn darin, die Hinterhand mehr einzusetzen, denn das erleichtert ihm seine Vorhand zu bewegen und damit den Gehorsam auf meine Hilfe.

Nach und nach lernt das Pferd auf diese indirekte Weise seinen Körper bestmöglich einzusetzen, ohne dass wir ihm das vorbeten müssen. Abwechslung hilft, da das Pferd sich bereithält, auf verschiedene Anforderungen zu reagieren, was sich wieder in einer optimalen Körperhaltung niederschlägt: Es positioniert sich dann so, dass es unsere Wünsche ausführen kann.

Ist das Pferd aufmerksam und willig, braucht es für die aktive Hinterhand nur noch den guten alten Schenkelgehorsam: Das Pferd weiß, dass es auf unseren Schenkel oder das Vorrollen unseres Beckens von hinten antreten soll. Um die Hinterhand dabei reell zu aktivieren, muss das Pferd auf unsere Hilfe hin mehr Energie einbringen als wir. Es reicht nicht, dass sein Grad der Anstrengung dem Grad unserer Einwirkung entspricht: Stattdessen wollen wir einen energischen Schritt vorwärts auf ein leichtes Anlegen unseres Schenkels. Hier reicht „nur“ Gehorsam, also die bloße Reaktion des Pferdes, nicht aus. Wir brauchen einen

Gehorsam von guter Qualität, und zwar mit dem ersten Anreiten der Trainingseinheit. Reagiert das Pferd präzise und willig, haben wir automatisch und gleich vom ersten Schritt an eine aktive Hinterhand. Wir haben Klarheit geschaffen, was wir vom Pferd erwarten, und das Pferd hat verstanden und kann unsere Erwartungen erfüllen. Wir müssen unsere fehlende Klarheit nicht mehr kompensieren, indem wir das Pferd bei jedem Schritt antreiben.

Wie hältst du's mit den Leckerlis?

Futterbelohnung oder keine Futterbelohnung kann zur Gretchenfrage in der Pferdeerziehung werden. Manche Pferdetrainer schwören auf die positive Verstärkung – sie belohnen das Pferd für das richtige Verhalten (in der Regel mit Futter) und argumentieren unter anderem wissenschaftlich: Versuche hätten zum Beispiel gezeigt, dass mit positiver Verstärkung das gewünschte Verhalten deutlich häufiger abrufbar sei.

Die Prinzipien der amerikanischen Horsemen haben dagegen wenig mit Futter zu tun. Ihr Training basiert auf den Grundsätzen, das richtige Verhalten des Pferdes zu erleichtern und das falsche zu erschweren sowie im Augenblick der gewünschten Reaktion den Druck herauszunehmen und die Hilfe zu beenden (*negative Verstärkung*), da das Pferd in der Pause lernt und über das Geschehene nachdenken kann. Pat Parelli arbeitet ab und an mit Futter, wenn er es mit einem trägen, aber selbstsicheren Pferd zu tun hat und dieses motivieren will. Buck Brannaman dagegen lehnt Leckerlis kategorisch ab, da diese die Pferde „verwöhnen“ und „verderben“ würden.

Die unterschiedlichen Argumentationen gründen letztlich auf der Philosophie, die der Pferdeausbildung zugrunde liegt: Glaube ich, dass das Pferd auch uns Menschen durch die Herdenbrille sieht, versucht es uns und unser Verhalten durch das Referenzsystem zu verstehen, das es in seinem natürlichen Umfeld anwendet? Oder bin ich der Ansicht, dass das Pferd uns Menschen als artfremd erkennt und weiß, dass die üblichen Regeln aus dem Herdenleben im Umgang mit uns Zweibeinern nicht gelten?

Im ersten Fall versuche ich als Mensch die Kommunikation mit meinem Pferd so zu gestalten, wie sie in der Herde stattfindet und die Rolle des Anführers zu übernehmen. Ich arbeite mit Druck in Phasen, die den Eskalationsstufen, die Pferde untereinander zeigen, entsprechen (böser Blick, Ohren anlegen, Hintern zudrehen und final der Tritt). Ich lege Wert darauf, dass das Pferd meinen persönlichen Raum respektiert, respektiere aber auch seinen. Ich setze keine Stimmkommandos ein, da Pferde untereinander kaum verbal kommunizieren – das Gros der Kommunikation transportiert die Körpersprache. Mein Ziel ist die Füße des Pferdes zu kontrollieren und ich achte darauf, dass ich das Pferd mehr bewege als es mich – wie auch das Leitpferd in der Herde die Bewegungen der anderen Pferde steuern kann.

Die Ablehnung von Leckerlis wird vor allem folgendermaßen begründet: Das Pferd als Flucht- und Herdentier verbringt einen Großteil seines Tages mit Fressen. Wäre dieses eine natürliche Belohnung, müsste es weiter glücklich Gras fressen, wenn das Wolfsrudel sich zum Angriff positioniert und attackiert. Das tut es nicht. Stattdessen wird es fliehen – darin liegt auch begründet, warum sich ein ängstliches Pferd nicht mit Futter bestechen lässt: Sein Sicherheitsempfinden ist stärker ausgeprägt als der Drang zu fressen.

Und somit ist es die Aufgabe des Menschen als Leittier für die Sicherheit – und damit das wichtigste Bedürfnis – des Pferdes zu sorgen.

Futter ist eine Selbstverständlichkeit fürs Pferd – allerdings nichts, was es mit einer besonderen Leistung in Verbindung bringt, sagen die Leckerli-Kritiker. Anders als das Raubtier muss sich das Pferd sein Futter nämlich nicht erjagen. Es ist in der Regel umgeben davon und muss nur den Kopf senken, um daran zu kommen. Ebenso ist das Verdauungssystem des Pferdes auf kontinuierliche Futteraufnahme ausgerichtet. Der Hund/Wolf dagegen erjagt sich seine Beute und erhält das Futter als Belohnung für seine Anstrengung.
In einem weiteren Erklärungssatz wird argumentiert, dass das Füttern von Leckerlis dem Teilen von Futter gleichkommt, was in der Natur so nicht stattfinde – da schaut jedes Pferd zuerst, dass es sich selbst den Magen füllt und je ranghöher das Herdenmitglied, desto schneller darf es ans bessere Futter. Ebenso wenig belohnen sich Pferde untereinander mit Futter: Kein Pferd gibt einem anderen Heu, um es zu loben. Auch die Stute verknüpft das Säugen des Fohlens nicht mit einer Gegenleistung.
Neben den Kontra-Leckerli-Argumenten, die sich aus dem Herdenleben des Pferdes herleiten lassen, gibt es noch die Klassiker wie „*Mein Pferd wird dadurch zu dick*“ oder „*Mein Pferd hängt mir dann nur noch in den Taschen*“.

Die Leckerli-Befürworter sehen das naturgemäß anders und gründen ihre Argumentation nicht nur auf dem Herdenleben und dem natürlichen Verhalten der Pferde – aber auch. Fressen hat nach dieser Interpretation nichts mit Rangordnung zu tun. Beginnen wir mit der Beziehung des Fohlens und seiner Mutter: Hier füttert sehr wohl ein Pferd das andere – und damit wird Sicherheit und Verlässlichkeit transportiert.
Futterneid und Kämpfe um das beste Futter (und damit um Ressourcen) sind vom Menschen hausgemacht: Haben die Pferde genügend Raum zur Verfügung, kann man sie vermeiden.

Die Beobachtung von Wildpferden hat gezeigt, dass die Rangordnung in der Herde nicht so streng und hierarchisiert ist wie angenommen, dafür aber deutlich komplexer.

Manche berufen sich auf Forschungsergebnisse und bezweifeln, dass es so etwas wie eine Rangordnung oder Dominanz in einer Pferdeherde überhaupt gibt. Hinzu kommt: Da das Pferd uns Menschen nicht als seinesgleichen wahrnimmt, sollten wir auch nicht versuchen, das Leitpferd zu imitieren oder dessen Rang einzunehmen. Von daher arbeitet man nicht mit Druck und negativer Verstärkung, um das Pferd zu einer Bewegung zu veranlassen, sondern wartet, bis das erwünschte Verhalten vom Pferd von sich aus gezeigt wird und verstärkt es dann mit Futter und Lob. Erzieht man das Pferd dabei konsequent, sind Fressmanieren und Füttern aus der Hand kein Problem.

Ich bin der Meinung, dass das Pferd, dessen Sinne den unseren überlegen sind, uns natürlich nicht als Pferd wahrnehmen kann. Sonst müssten wir ihm Geruchsinn, Sehsinn, Tastsinn und Gehör absprechen. Ich bin aber auch der Meinung, dass das Pferd im Umgang mit uns Menschen die „Herdenbrille" aufhat. Weil dies das einzige Bezugssystem ist, das es kennt. Pferde wenden die Grundsätze der Kommunikation in der Herde bei uns Menschen an, wenn sie langsam und allmählich an uns heranrücken, bis wir instinktiv einen Schritt zur Seite machen. Oder, wenn sie die Ohren anlegen und den Kopf schütteln, um uns zu signalisieren, dass ihnen das Satteln missfällt. Wie könnten sie auch nicht, es ist ihre Sprache. Und deswegen denke ich, dass wir uns (der Basis) dieser Sprache bedienen können und sollten, um selbst mit dem Pferd zu kommunizieren. Dieses muss in uns nicht das Leitpferd auf zwei Beinen sehen. Wir können Mensch bleiben, von dem es aber weiß, dass er gute Entscheidungen in seinem Sinne treffen kann.

Was mir persönlich aufgefallen ist im Umgang mit Pferden, die mit Leckerlis belohnt werden, ist deren geringe Frustrationstoleranz. Bleibt die Belohnung mal aus oder fordert man etwas, das das Pferd nicht versteht, und insistiert, dass es doch bitte versuchen soll, die Lösung zu finden, hat man leicht einen Kampf und heftige Gegenwehr an der Hand. Die Pferde fühlen sich ungerecht behandelt und verlieren schnell die Lust. Manche verstehen nicht, dass das Leckerli an eine Leistung geknüpft ist und warum der Mensch es ihnen vorenthält, obwohl er es doch in der Tasche mit sich herumträgt.

Wieder andere Typen kann die Belohnung hektisch machen. Sie suchen so verzweifelt nach der Lösung, um mehr Futter zu erhalten, dass sie in Stress geraten und alles anbieten, was sie jemals gelernt haben. Der australische Pferdetrainer Ross Jacobs hat hierzu treffend angemerkt, dass man über die negative Verstärkung das Stresslevel des Pferdes konkret beeinflussen kann: Man hält Druck aufrecht oder steigert ihn, bis das Pferd das gewünschte Verhalten zeigt. Merkt man, dass das Pferd überfordert ist, passt man den Druck entsprechend an. Jenen Stress, den ein Pferd sich selbst macht, weil es auf der Suche nach der richtigen Lösung ist, um an ein Leckerli zu kommen, kann man dagegen weder beeinflussen noch steuern.

Das auf Leckerlis basierte Training, das oft mit dem sog. „Clicker“ kombiniert wird, charakterisieren Befürworter als besonders pferdegerecht. Gleichzeitig ist es ratten-, robben- und delfingerecht – schließlich wird in Zoos genau diese Art des Trainings als Beschäftigungstherapie für die Tiere eingesetzt. Sicher auch, weil sie auf diese Weise schnell und zielorientiert lernen. Für mich ist das allerdings kein Ansatz, der besonders differenziert auf die Natur des Pferdes zugeschnitten ist, sondern einfach eine weitere Trainingsform, mit der man gute Erfolge erzielen kann.

„Pferdegerecht“ wird als Attribut gern aufgeführt, weil man versucht, ohne oder mit möglichst wenig Druck auszukommen. *Doch warum ist Druck so negativ behaftet?* Druck bedeutet nicht, dass ich das Pferd schlage.

Druck kann auch so fein und subtil vermittelt werden, dass er zum Gefühl wird.

Reiten wir nicht mit Schenkeldruck? Spürt das Pferd nicht Druck im Maul vom Gebiss? Ist nicht das Ziehen an den Zügeln auch eine Form von Druck? Spürt es nicht Druck im Rücken, wenn wir auf ihm sitzen? Ich finde es weltfremd, anzunehmen, man könne beziehungsweise müsse dem Pferd jegliche Form des Druckes ersparen.

Wenn das Pferd lernt mit Druck umzugehen, helfen wir ihm, sich in unserem, vom Menschen bestimmten Umfeld zurechtzufinden. Wenn es beispielsweise angebunden ist und zurückzieht, wird es den Druck des Halfters im Nacken spüren und dem nachgeben können, statt sich hineinzuhängen, weil es gelernt hat auf Druck zu weichen.

Wir sind nicht 24 Stunden am Tag bei unseren Pferden und können sie deswegen nicht von jeder Form von Druck bewahren, den die Umwelt für sie bereithalten mag. Wir können es aber darauf vorbereiten, möglichst souverän damit umzugehen. Ganz zu schweigen davon, dass das Pferd gewisse Arten von Druck aus seinem Herdenleben und seiner Umwelt kennt. Wir sollten außerdem nicht vergessen, dass wir unsere Pferde nicht nur mit Leckerlis belohnen können. Nachgeben, Pausen, Streicheleinheiten und sogar Stimmlob können die gleiche Wirkung haben. Wir haben es mit Individuen zu tun, die unterschiedliche Präferenzen haben. Das eine Pferd mag der Pause den Vorzug geben, das andere will Aufmerksamkeit, will gefeiert und verbal gelobt werden und das nächste ist so wählerisch, dass Sie alle drei Tage die Leckerlisorte wechseln müssen, damit es noch mitmacht.
Ich denke, dass es wie im echten Leben auf die Balance und das rechte Maß ankommt und dass sich positive wie negative Verstärkung kombinieren lassen. Weder ausschließlich die eine noch die andere Methode ist zielführend: Bei der negativen Verstärkung sagen wir dem Pferd über unseren Druck, was es **nicht** tun soll. Bei der positiven Verstärkung lassen wir es wegen unserer Passivität und abwartenden Haltung **raten**, was es tun soll. Ich bin der Meinung, dass wir unseren Pferden sagen können, was sie nicht tun sollen und gleichzeitig anerkennen, was sie richtig gemacht haben. Oder wie die amerikanische Dressur- und Horsemanship-Trainerin Anne Blake schrieb: Sie hat Pferde erlebt, die sowohl durch zu viele als auch durch zu wenige Leckerlis ruiniert wurden.

Die Tücken von Stimmkommandos

Auch wenn der Begriff „Pferdeflüsterer" nicht wiedergibt, was echte Horsemen tun – zuhören und beobachten –, so schwingen doch Ruhe und Stille in ihm mit, schließlich wird geflüstert und nicht geschrien. Und damit trifft er eine wichtige Eigenschaft von guten Pferdeleuten.

Sie reduzieren ihre verbalen Äußerungen auf das Nötigste.
Sie sind still geworden – wie es auch die Pferde sind.

Setzen wir uns zu einer beliebigen, domestizierten Pferdeherde, werden wir außer einem gelegentlichen Schnauben oder dem Rupfen von Gras nicht besonders viel hören. Kein kontinuierliches Geplapper oder Gezeter. Selbst wenn die Emotionen in der Herde hochkochen, wenn gewiehert oder gequietscht wird, sind die Lautäußerungen kein Dauerzustand, sondern innerhalb von wenigen Sekunden wieder beendet. Ich finde, dass diese den Pferden innewohnende Ruhe eine ihrer wertvollsten Eigenschaften ist – eine, an der wir uns ein Beispiel nehmen und von der wir lernen können. Wenn wir uns dieser Friedlichkeit und Friedfertigkeit bewusst werden, dann nehmen wir erst wahr, welchen Störfaktor wir Menschen mit unserer Hektik, unserem Zeitdruck und vor allem unserem ständigen Geplapper ins Pferdeleben tragen; und zu allem Überfluss hat das Pferd noch deutlich schärfere Sinne als wir, hört also auch besser. Das Pferd soll aus unserem ganzen Lärm die Befehle herausfiltern, die eine Bedeutung für es haben. Wir machen ihm das Verständnis auch nicht immer leicht: Wenn wir in einem fort reden, muss das Pferd erst einmal herausfiltern, welche Ansage jetzt eine Aufforderung war und welche nur ein Gesprächsbeitrag unsererseits. Unsere Tonlage variiert je nach Stimmung und das Gleiche gilt für die Lautstärke. Wir benutzen unterschiedliche verbale Kommandos für die gleiche Anforderung, weil wir unkonzentriert waren. Vielleicht haben wir uns nicht die Mühe gemacht, dem Pferd ein Kommando tatsächlich beizubringen (dieser Verdacht beschleicht mich immer dann, wenn ich Menschen diverse Male „*Steh! Steh jetzt!*" rufen höre, das Pferd aber dennoch fröhlich seine Beine bewegt). Vielmehr geben wir das Kommando einfach und erwarten, dass das Pferd schon verstehen wird, was wir meinen. Dann passen verbales Kommando und Körpersprache nicht immer zusammen: Verbal fordern wir mehr Tempo, aber die Ausrichtung unseres Körpers bremst das Pferd aus. Vielleicht haben wir dem Pferd ein Stimmsignal in Kombination mit einem körpersprachlichen Befehl, wie das Heben der Seilhand oder der Peitsche beigebracht. Dabei kommt uns ab und an die Reihenfolge durcheinander und wir verwechseln das Eingangssignal mit der Verstärkung. Unsere Pferde sind bereits echte Interpretationskünstler.

Mit ein bisschen mehr Achtsamkeit und Konzentration können wir aus doppeldeutigen eindeutige Signale machen und damit unseren Pferden das Leben erleichtern.

Wie bringe ich ein faules Pferd zum Springen?

Seine liebste Beschäftigung neben Fressen ist Schlafen beziehungsweise Stehen und Dösen. Mein ambitioniertes Ziel ist, dass der bewegungseffiziente Wallach über einen Sprung hüpft, und zwar, ohne dass ich mit der Peitsche hinterherlaufen und jeden Schritt aus ihm heraustreiben muss. Ich war an diesem Punkt: Außer Puste mit brennenden Lungen in der Hallenmitte, während sich das Pferd in eine Ecke zurückgezogen hat, um zu pausieren, nachdem es sage und schreibe drei Galoppsprünge absolviert hatte. Um dann auszufallen, die drei waren schließlich anstrengend genug. Ihm fehlte die Motivation, sich mehr als unbedingt nötig zu bewegen – und auch die Peitsche beeindruckte ihn nicht.

Doch wie erhält man diese Motivation? Sie entsteht in der Vorbereitung: Wenn ich körperlich mehr Energie bekommen will (also Trab und Galopp), muss das Pferd dafür mental bereit sein. Treibe ich zu schnell zu viel, habe ich mich nach fünf Minuten verausgabt und bin in der Zeit viermal so viel gelaufen wie das Pferd. Stattdessen fange ich mit Übungen an, die viel Präzision, aber wenig Tempo erfordern. Ich sage dem Wallach genau, wohin und wann er seine Füße setzen soll – oder ich verändere eine Übung, die er gut kennt, um ihn mit der Variation zu überraschen. Das hält seine Aufmerksamkeit bei mir, er denkt mit und ich kann den Gehorsam leicht abfragen. Um zu springen, üben wir also nicht das Springen, sondern die klare Kommunikation. Ist das träge Pferd vorbereitet und mental anwesend, verlange ich mehr Tempo in Form von Trab, aber nie zu lang am Stück. Anfangs reichen nur ein paar Schritte, dann pariert man durch und gönnt dem „überanstrengten“ Pferd eine kurze Pause mit Stehenbleiben und Dösen. Allmählich vergrößert sich die Trabdistanz und einige Galoppsprünge kommen hinzu. Wichtig ist hier, das Tier nicht zu drillen.

Das bedeutet: Sobald das Pferd willig und zügig reagiert, geht man zum nächsten Schritt über, um es nicht zu langweilen und seinen guten Willen nicht überzustrapazieren. Das mag nach einem Kompromiss klingen:

****

Verlangen Sie aber zu viel und setzen Sie sich hier radikal durch, verlieren Sie die Motivation Ihres Pferdes. Es wird vielleicht springen, wenn Sie genug Druck machen, aber sein Ausdruck wird sein Missfallen deutlich zeigen.

****

Klappen Trab und Galopp – die Vorarbeit dafür kann man am Seil oder wie hier bei der Freiarbeit erlangen, je nachdem, wie gut sich das Pferd steuern lässt – schicke ich es auf den Sprung. Wenn das Pferd diesen ansteuert, egal, ob im Zuckeltrab oder passagierend, lasse ich es in Ruhe. Ich schnalze nicht, ich gehe ihm nicht mit der erhobenen Peitsche hinterher und ich gebe ihm auch keine Stimmkommandos. Es tut, was er soll, also bekommt es, was es verdient: Ich bin still und gängele es nicht kontinuierlich.

Wenn das Pferd sich kurz vor dem Sprung entscheidet stehenzubleiben oder außen herum zu rennen, dann ist das kein Problem. Es hat dann die Option „*Ich renne noch eine Runde*" versus die Option „*Ich springe und bekomme danach eine Pause*" gewählt. Also darf es gerne eine weitere Runde drehen, bis es wieder am Sprung ist. Zurück am Sprung kann das Pferd dann erneut wählen, ob es springen will oder nicht. Entscheidet es sich dagegen: noch eine Runde. Springt es: Jackpot! Nun bekommt es eine Pause und darf zum Dösen zu mir in die Mitte kommen. Das signalisiere ich, indem ich in die Hocke oder rückwärtsgehe –

ich mache mich also klein und gebe Raum frei, was das Pferd einladen soll herzukommen. Wenn ich es wieder rausschicke, wird es sich gut überlegen, ob es Runde um Runde dreht oder sich für die paar Sekunden am Sprung anstrengt und danach die Pause bekommt.

Ich mache dem Pferd so den Gehorsam so angenehm wie möglich.

Damit Pferde effektiv lernen, ist es wichtig, dass sie eine positive Rückmeldung in Form von einer Pause und/oder einem Lob bekommen, sobald sie eine Aufgabe gemeistert haben. Auf diese Weise fühlen sie sich verstanden und angenommen.

Gutes Training lässt dem Pferd nicht nur die Wahl und erlaubt ihm seine Optionen zu testen, sondern es kann sie eigenständig entdecken.

3

Weitergedacht: Hilfen und ihre Bedeutung

Wenn wir mit skeptischen Pferden vom Boden aus arbeiten, dann geht es häufig darum, sie an Objekte oder Situationen zu gewöhnen, vor denen sie zunächst Angst haben. Sie sollen lernen, über eine Plane zu gehen oder in den Hänger. Dabei können wir die Geduld verlieren: Wenn das Pferd nach einer halben Stunde noch nicht einmal die Nase auf die Plane stupsen kann oder man nach zwei nervenaufreibenden Stunden immer noch vor dem Anhänger steht und das Pferd maximal die Vorderbeine auf die Rampe stellt. Fokus und Zielstrebigkeit helfen uns da nur bedingt: Je mehr wir uns auf unser Ziel einschießen, desto größer wird der Gegendruck des Pferdes. Hier lohnt es sich, sein Ziel noch mal zu hinterfragen. Denn eigentlich ist das erfolgreiche Verladen nur die Konsequenz unseres Hauptziels: Wir arbeiten am Selbstvertrauen des Pferdes.

Warum der Weg das Ziel sein sollte

Bei Pferden, die ängstlich sind oder sich verweigern, geht es nicht um den Hänger oder um die Plane – es geht darum, dass wir dem Pferd die Zeit geben, sich mit seiner Angst und Skepsis auseinanderzusetzen. Wir kennen das von uns selbst: Wenn wir Angst empfinden, hilft es uns nicht, von anderen gedrängt zu werden, obwohl wir noch nicht so weit sind. Auf der anderen Seite ist es ebenfalls kontraproduktiv den gefürchteten Situationen komplett aus dem Weg zu gehen und Vermeidungsverhalten zu entwickeln. Wir müssen uns der Angst und ihren Auslösern also stellen – aber auf eine kontrollierte Art und Weise, die uns nicht überfordert. Die Herangehensweise mit Pferden ist die ähnlich: Wenn wir nur in absoluten Kategorien des Erfolgs denken – Pferd steht auf Plane oder im Hänger –, dann bleibt die Frustration nicht aus. Denn bis wir beides erreichen, kann viel Zeit vergehen. Wenn wir uns aber am Selbstbewusstsein des Pferdes orientieren und die kleinen Verbesserungen wahrnehmen, freuen wir uns über kleine Erfolge auf dem Weg zum Ziel. Letztlich versuchen wir dem Pferd ein besseres Gefühl in unserer Gegenwart und bei den Aufgaben zu geben, die wir ihm stellen.

Fallbeispiel

Ich arbeite mit einer Stute, die zwar gehorsam ist, aber eine hohe Grundspannung in sich trägt. Der amerikanische Horseman Harry Whitney nennt das "*cup of worry*" (Tasse voller Sorgen). Bei jedem Individuum ist der Füllstand unterschiedlich hoch – bei manchen bedarf es mehr, bei anderen weniger, bis die Tasse überläuft. Wir Menschen können dem Pferd helfen, den Füllstand zu senken, sodass es mehr aushalten kann, ohne sich Sorgen zu machen oder Angst zu empfinden. Im Falle der Stute genügt relativ wenig, um sie unter Spannung zu setzen. Sie schafft es dann, sich eine Weile zusammenzureißen, weil sie weiß, was von ihr erwartet wird. Aber irgendwann wird es ihr zu viel und sie muss die Anspannung herauslassen.

Ich kenne sie schon seit einigen Jahren und wir haben im Training den Fehler gemacht, dem Gehorsam mehr Gewicht zu geben als dem Selbstvertrauen des Pferdes. Unser Fokus lag auf der Erfüllung verschiedener Aufgaben und weniger darauf, wie sich das Pferd dabei fühlt. Für die Stute hat das eine Zwickmühle erschaffen: Der Konflikt zwischen erwartetem Gehorsam und ihrem Selbsterhaltungstrieb, der zu einem ganz anderen Verhalten rät, als von uns Menschen gefordert. Ich versuche jetzt diesen Konflikt aufzulösen, indem ich der Stute mehr Selbstvertrauen gebe. Das Ziel ist ihr zu zeigen, dass sie mit diversen Reizen und Situationen umgehen kann, in der Hoffnung, dass sie diese dann weniger stressen und sie aus ihrer Haltung permanenter Wachsamkeit zu mehr Entspannung findet. Das tue ich, indem ich eben nicht auf die korrekte Ausführung einer Aufgabe den größten Wert lege, sondern darauf, wie sich die Stute dabei fühlt.
Ein Beispiel dafür: Ich stehe in der Mitte, die Stute geht auf dem Kreis um mich herum. Als denkbar simple Aufgabe liegt eine Stange am Boden, über die sie steigen soll. Ganz einfach, aber nicht für sie. Die Stange blockiert ihren Weg. Also bleibt sie stehen. Wenn ich jetzt die Peitsche hebe und sie auffordere weiterzugehen, wird sie das tun, weil sie Respekt hat, aber zögerlich und unsicher. Stattdessen lasse ich sie umdrehen und sich der Stange von der anderen Seite annähern. Von hier steigt sie leicht darüber. Ich biete ihr immer wieder an von der schwierigen Seite drüber zu steigen, lasse sie aber gewähren, wenn sie nicht kann. An ihrem Ausdruck (Mimik und Körperspannung) erkenne ich, dass sie versucht herauszufinden, was sie mit der Stange tun soll. Würde sie sich aus Langeweile nicht mehr bemühen oder mental abschalten, dann tue ich aktiv etwas dagegen und fordere sie auf, anzutraben oder die Richtung zu wechseln. Bleibt sie gedanklich bei der Stange und setzt sich mit ihr auseinander, kann sie das so lange tun, bis sie die Lösung findet.

Vertrauen messen

Vertrauen lässt sich messen, und zwar situationsabhängig. Wie Lektionen kann man es in Einzelteile zerlegen, diese Einzelteile üben und sie dann wieder zusammensetzen. Bei einer Lektion wünscht man sich vom Pferd ein gewisses Verhalten – zum Beispiel das Weichen auf eine Schenkelhilfe oder das Nachgeben im Genick. Beides lässt sich abrufen und trainieren. Beim Vertrauen, das sich nicht einfach einfordern lässt, ist es etwas komplizierter, aber das Prinzip des Arbeitens mit Abschnitten greift auch hier. Statt auf den abstrakten Begriff (*Was genau ist Vertrauen?*) schauen wir dabei auf die äußeren Umstände und die Situationen, in denen das Pferd Vertrauen zeigt – oder eben auch nicht. *Wann vertraut das Pferd und was muss geschehen, damit es seine Sicherheit verliert?* Die Antworten sind ebenso unterschiedlich wie die verschiedenen Pferdecharaktere.

Bleibt ein Pferd ruhig, bedeutet das nicht automatisch, dass es dem Reiter vertraut.

Ein Pferd kann auch ein ausgeprägtes Selbstbewusstsein haben (das heißt, es vertraut seinen eigenen Fähigkeiten zu überleben) und sich unabhängig vom Menschen wohlfühlen, da es in der Konstellation die Führung übernommen hat. Dennoch hat der Mensch natürlich auch bei einem solchen Exemplar die Möglichkeit, in den Dialog zu gehen und sich Vertrauen sowie Kooperationsbereitschaft des Pferdes zu erarbeiten.

Fallbeispiel

Der Wallach, den ich betreue, eine ausgesprochen ruhige Natur, wird zum Beispiel ängstlich, wenn er etwas Neues lernen soll. Er ist sehr bemüht, aber ihm fehlt das Vertrauen in meine pädagogischen Fähigkeiten. Diese Vorsicht kommt nicht von ungefähr: Ich habe lange gebraucht, bis mir seine Schwierigkeiten aufgefallen sind. Schließlich ist er ein sehr braves Pferd und von Natur aus nicht besonders expressiv. Wo ein anderes Pferd seine Probleme deutlich gezeigt hätte, musste ich bei ihm schon genauer hinsehen (und habe seine Signale entsprechend lange übersehen). Die Skepsis ist genauso da, genauso ausgeprägt – nur eben nicht so leicht zu erkennen: Er wird fest in Maul und Genick und anstelle seiner Füße rotieren seine Ohren. Ignorant wie ich war, habe ich in Lernsituationen, in denen ich langsamer hätte vorgehen müssen, zu viel Druck gemacht und damit seinem Vertrauen – in mich und in ihn selbst – geschadet.
Ein Palomino, mit dem ich arbeite, ist dagegen von seiner Natur her ein aufgeschlossenes Pferd, das meist souverän mit jeglichen Umweltreizen umgeht. Sobald er aber mit dem Menschen zusammenarbeiten soll, bekommt er große Probleme. Der Wallach ist nicht

mehr jung und hat Zeit seines Lebens gelernt, dass er Menschen nicht versteht und deren Anforderungen nur mit großem Stress erfüllen kann. Diese Furcht blockiert ihn in Lernsituationen: Er ist dann nicht schnell von Begriff und braucht viele Wiederholungen, obwohl er ein sensibles Pferd ist und schnell nach Lösungen sucht. Nur tut er das nicht überlegt, sondern hektisch. Nicht seine Gedanken arbeiten dabei, sondern seine Emotionen.

Lernsituationen sind nicht das einzige Umfeld, das Aufschluss über das Vertrauen und damit das Verhältnis von Mensch und Pferd gibt. Übergeordnete Kategorien wären das Selbstvertrauen des Pferdes und das Vertrauen in den Menschen allgemein (zutraulich versus skeptisch). Doch man kann noch spezifischer werden:

Fragen, die bei der Vertrauensüberprüfung helfen

- *Wie sieht es zum Beispiel auf dem Weg zur Koppel aus? Dackelt das Pferd brav hinter dem Menschen her oder schaut es nervös nach links und rechts, weil es dem Menschen nicht zutraut, für seine Sicherheit zu sorgen?*
- *Wie gelingt das Reiten?*
- *Klappt die Übertragung vom Boden in den Sattel? Manche Pferde folgen einem Menschen, der vorausläuft, überall hin, werden aber unsicher, wenn derjenige, dem sie normalerweise folgen können, plötzlich auf ihrem Rücken sitzt.*
- *Wie gut ist die Beziehung bei einem Ausritt im Vergleich zur Harmonie in der Halle oder auf dem Platz?*

Ideal wäre ein gleich stabiles Vertrauen, unabhängig von der Situation. Dafür spielen häufig aber zu viele Variablen mit – und eine große ist der Mensch selbst. Schließlich haben wir nicht jeden Tag die gleiche Stimmung, sind gleich gut gelaunt, gleich gelassen und gleich geduldig.

Fallbeispiel

Pferde scheuen unterschiedlich. Wo der eine einen Satz zu Seite macht, um dann im Galopp davon zu stürmen, friert der andere fest und scheint unter dem Reiter zusammenzufallen. Doch nicht nur die Reaktion und deren Auslöser können variieren. Auch der Ort des Reizes im Verhältnis zum Pferdekörper spielt eine Rolle: Mein Projektwallach beispielsweise hat vor allem Probleme mit potenziell gefährlichen Dingen, die sich vor seiner Nase befinden. Nicht im toten Fleck direkt vorm Maul, sondern in einigen Metern Entfernung. Da bremst er gerne, wird fest im Genick und starrt den Gegenstand an. Nur unwillig geht er dann vorwärts. Sobald er aber nahe genug dran ist, einen Meter bis einen halben Meter, verliert das Objekt seine Gruseligkeit. Er muss es nicht mit der Nase berühren (was ich auch nicht einfordere, stattdessen hat er die Wahl), sobald er nah dran ist, kann er auch daran vorbeimarschieren und scheint es direkt vergessen zu haben.

Anders ein Friese, den ich ebenfalls regelmäßig betreue. Er baut sich immer mehr auf, je näher wir der Quelle der Furcht kommen, seitliche Ausweichmanöver eingeschlossen. Haben wir den Holzstapel oder den gärtnernden Nachbarn erreicht, erreicht auch seine Spannung den Höhepunkt. Anders als beim Projektwallach, kann sie sich beim Friesen entladen, wenn das Objekt schon hinter uns liegt. Ich habe den Eindruck, dass für ihn der Moment, wenn er es nicht mehr sehen kann, der schlimmste ist. Da kann es passieren, dass er nach vorne losschießt, um sich mit mehr Sicherheitsabstand nach der Gefahr umsehen zu können. Für den anderen Wallach war dagegen die Gefahr abgehakt, sobald er sie nicht mehr sehen konnte.

Warum Qualität so wichtig ist

Bewusst habe ich den Begriff *Qualität* zum ersten Mal im Zusammenhang mit Pferden wahrgenommen, als Buck Brannaman ihn genannt hat. Es ging um Bodenarbeit, die bei einem ausgebildeten Pferd am Ende nur noch darin bestehen kann, dass man das Pferd von der Koppel zum Stall und wieder zurück führt, und zwar "*with quality*" – mit Qualität. Führen ist nicht gleich Führen. Ich kann von der Koppel zum Stall marschieren mit einem Pferd im Schlepptau, das seine Nase auf den gespannten Führstrick legt, sich um jeden Schritt bitten und von mir ziehen lässt. Ich kann auf dem Weg zwischen Koppel und Stall mit einer unbändigen Attitüde auf vier Beinen kämpfen, die mich überholt, in mich hinein drängelt und schlimmstenfalls auf mich drauf springt, wenn ihr die Mülltonne nicht geheuer ist, die gestern da noch nicht stand. Oder ich

gehe gemächlich von der Koppel zum Stall, mein Pferd folgt mir am losen Seil, achtet auf den Abstand und auf meine Bewegungen. Das wäre Führen mit Qualität.
Qualität im Umgang mit dem Pferd beschränkt sich natürlich nicht auf die paar Meter Weg, die man gemeinsam zurücklegt, um zur Reithalle zu kommen und auch nicht auf die Interaktion am Führseil. Qualität fängt da an, wo uns das Pferd sieht und hört.

Genau wie ihre Schwester, die Konsequenz, ist Qualität unsere ständige Begleiterin beim Pferd.

Qualität im Kleinen bewahrt uns vor unerwünschten Überraschungen im Großen.

Doch wie es uns oft schwerfällt, dauerhaft konsequent zu handeln, so fällt es uns auch schwer, bei allem, was wir mit unserem Pferd tun, auf Qualität Wert zu legen, denn das ist anstrengend.
Zwei Probleme mit der Qualität fallen mir auf:
1) Wir sind inkonsequent, was die Qualität der gleichen Leistung angeht.
2) Wir sind inkonsequent, was die Qualität des gesamten Umgangs mit dem Pferd angeht.

Zum ersten Fall: Weil wir eine Reitdokumentation im Fernsehen gesehen haben, sind wir am Folgetag besonders motiviert korrekte Lektionen zu reiten. Also quälen wir das Pferd durch Rückwärtsstrecken, bis es saubersten Zweitakt geht, seine Füße hebt und die Hüfte abkippt. Ein paar Tage später haben wir dagegen schlecht geschlafen und deswegen reicht uns ein gemächliches Rückwärtsgezuckel im Viertakt. Heute hü, morgen hott. Das Pferd darf dann anhand von unserer Art der Hilfengebung und eventuellen Sanktionen interpretieren, welche Qualität im Rückwärts gerade gewünscht wird? Das ist nicht fair!

Zum zweiten Fall: Wir schaffen es zwar häufig an das, was uns wichtig ist, hohe Standards anzulegen und diese zu erfüllen. Alles andere aber fällt schon mal hinten runter. In der Halle kitzeln wir die Traversale bis zur Perfektion heraus, aber beim Führen lassen wir uns umrennen. Unsere Haltung über dem Sprung ist tadellos, aber die Drohgebärden beim Satteln ignorieren wir. Das Problem dabei: Was für uns unwichtig erscheint, kann für das Pferd eine entscheidende Bedeutung haben. Aus Sicht des Pferdes sind wir in unserem Verhalten nicht berechenbar und nicht verlässlich – und deswegen kann das Pferd es auch nicht sein. Ganz zu schweigen davon, dass sich wegen unserer begrenzten Aufmerksamkeit Fehler einschleichen oder wir Widersprüche in der Ausbildung des Pferdes schaffen: Leicht am Zügel soll es sein, aber ins Führseil darf es sich hängen?

Gleichbleibende Qualität in allem, was wir mit dem Pferd tun, ist ein extrem hoher Anspruch. Schließlich ist es menschlich, dass wir uns nicht in jeder Situation gleichermaßen sicher und selbstbewusst fühlen, gleichermaßen schnell reagieren oder gleichermaßen aufmerksam sind. Vielleicht ist es auch ein Ding der Unmöglichkeit, immer und überall 100 Prozent geben zu wollen – zumal die Pferde in den meisten Fällen zu unserer Freizeit gehören. Wir wollen mit ihnen entspannen, Spaß haben und uns nicht noch mehr kasteien als ohnehin schon. Dennoch ist Qualität im Umgang mit dem Pferd ein erstrebenswertes Ziel, da es unser Horsemanship so viel besser macht: Wir werden dem Pferd ein verlässlicherer Partner, da es sich auf unsere Anforderungen einstellen kann. Es hilft schon, die Qualität unserer Arbeit mit dem Pferd hin und wieder zu überprüfen.

Warum die Details bedeutsam sind

Wie bei vielen anderen Dingen liegt auch beim Horsemanship die Tücke im Detail. Der gute Horseman unterscheidet sich vom mittelmäßigen in seiner Präzision, mit der er vorgeht. Gerade diese feinen Details, die für Pferde oft einen großen Unterschied machen können, vernachlässigen wir gerne mal: Weil unser Kreuz gerade zwickt, halten wir uns weniger aufrecht, sind zu bequem uns gleichmäßig und gerade auf beide Füße zu stellen. Weil wir zu ungeduldig sind, geben wir dem Pferd nicht genug Zeit zum Reagieren und fallen mit der Tür ins Haus. Weil das Pferd den Kopf gerade hochstreckt, werfen wir ihm das Seilende des Knotenhalfters über den Nacken, statt es zu fragen, den Kopf herunterzunehmen, sodass wir das Halfter mit der Hand über den Hals führen können. Für sich genommen sind diese kleinen Nachlässigkeiten sicher keine Weltuntergangsszenarien, aber in ihrer Gesamtheit nagen sie an der Qualität unseres Horsemanship. Viele unserer Pferde werden sich wahrscheinlich daran gewöhnt haben, dass wir es mit manchen Dingen nicht so genau nehmen; sie interpretieren unsere Ansagen richtig und können damit leben.

Wir profitieren häufig von der Nachsicht vieler Pferde.

Aber gerade bei schwierigeren bzw. sensiblen Tieren liegt in der fehlenden Präzision ein enormes Missverständnispotenzial – sie messen jeder kleinsten Bewegung eine große Bedeutung bei. Entsprechend muss sich der Mensch zum einen darüber im Klaren sein, dass es auf die Details ankommt. Und zum anderen muss er in der Lage sein, dieses Wissen auch anzuwenden und die Präzision umzusetzen. Es lohnt sich von daher, die Handgriffe von Anfang an richtig zu lernen und immer wieder zu überprüfen, ob wir in unserer Genauigkeit nachgelassen haben. Präzision ist anstrengend, das hat sie mit der Konsequenz gemeinsam.

Aufmerksamkeit: Die wichtigste Voraussetzung für Entspannung

Anspannung ist häufig die Konsequenz, wenn ein Pferd seine Aufmerksamkeit nicht auf den Menschen gerichtet hat, sondern auf seine Umgebung. Es scannt sein Umfeld nach möglichen Gefahren und hört nicht richtig zu: Der Mensch und seine Hilfen werden zu Nebengeräuschen, während das Pferd versucht, den Überblick zu bewahren und seine Aufmerksamkeit auf verschiedenste Störquellen richtet. Wir können noch so sehr daran arbeiten, das Pferd auf diverse Reize abzuhärten, um ihm Angst zu nehmen, es gelassener zu machen und besser vorzubereiten – solange das Pferd nicht fokussiert ist und mit seinen Gedanken abschweift, wird es keine Entspannung erreichen können. Unsere Botschaft kommt dann gar nicht beim Pferd an, weil es zu beschäftigt ist, um uns zuzuhören.

Entspannung setzt voraus, sich im Moment wohlzufühlen – an dem Ort, an dem man sich befindet, in der Gesellschaft, die man hat.

Pferde, die abgelenkt und unruhig sind, tun das nicht. Sie wären gerne woanders: beim Koppelfreund, dem sie hinterher wiehern oder ein Stück weiter links in der Halle, weg von der gruseligen Ecke. Dem Pferd hilft es dabei auch nicht, die Quelle der Unruhe, sofern sie überhaupt auszumachen ist, zu entfernen. Ganz schnell hat es nämlich etwas Neues entdeckt, um das es sich Sorgen macht. Unsere Aufgabe in so einer Konstellation ist es, das Pferd zu uns zurückzuholen. Wenn wir es schaffen, dass es sich auf uns konzentriert, wenn wir wichtiger werden als alles andere, dann verlieren die Ablenkungen an Bedeutung. Das Pferd ist mit uns im Hier und Jetzt und denkt nicht über andere Orte nach. Damit haben wir die Basis für Entspannung geschaffen.

Die einfachste Methode, die Aufmerksamkeit eines Pferdes zu erlangen, ist die Kontrolle seiner Füße.

Wenn wir seine Vor- und Hinterhand getrennt voneinander bewegen können, dann können wir den Kopf des Pferdes immer wieder zu uns holen, indem wir seinen Körper auf uns ausrichten. Somit schaut uns das Pferd an – und damit haben wir in den meisten Fällen seine Aufmerksamkeit. Außerdem hilft es, wenn wir das Pferd mit unserem Körper zu uns ziehen können: Es folgt unseren Bewegungen, richtet sich auf uns aus und wartet, was als nächste Ansage von uns kommt. Schweift sein Blick ab, dann holen wir uns seine Aufmerksamkeit zurück, indem wir uns ein Stück bewegen, um seinen Blick zurück auf uns zu lenken. Ist der andere Reiz zu stark, dann bewegen wir das Pferd gezielt und geben ihm eine Aufgabe, um seine Konzentration zurückzuholen und dann zu lenken. Wenn das Pferd bei uns ist, kann es die Pausen, die wir ihm anbieten, annehmen, ohne sich dabei mental auszuklinken und ablenken zu lassen. Diese Pausen sind Phasen aktiver Entspannung. Das Pferd bekommt sie in regelmäßigen Abständen – als Belohnung und Bestätigung.

Sind wir leicht zufriedenzustellen?

Den Druck herausnehmen oder die Hilfe beenden, wenn das Pferd das gewünschte Verhalten zeigt: So bestätigt man ihm, dass es richtig reagiert hat. Das Pferd lernt so, dass es nur eine bestimmte Reaktion zeigen muss und schon lässt der Mensch es wieder in Ruhe. Das klingt einfach, erfordert in der Anwendung aber Fingerspitzengefühl und Timing. Geben wir zu schnell nach, kommen wir nicht voran, weil wir das Verhalten nicht weiterentwickeln und formen. Oder wir belohnen das falsche Verhalten, was wir dann mühsam wieder korrigieren müssen. Halten wir den Druck dagegen zu lange aufrecht, verpassen wir den Moment des Nachgebens und frustrieren das nach der Lösung suchende Pferd. Um den richtigen Moment des Nachgebens zu finden, müssen wir lernen, die Versuche des Pferdes richtig zu bewerten und sie entsprechend zu würdigen, um die Motivation des Tieres aufrechtzuerhalten. Das bedarf auch einer gewissen Geisteshaltung.

Ein Tier, das sich für uns anstrengt und versucht die Lösung zu finden, ist keine Selbstverständlichkeit.

Natürlich erwarten wir Gehorsam vom Pferd. Doch darüber vergessen wir gern, seine Bemühungen anzuerkennen und es darin zu bestätigen.

So wie wir mit den Händen dem Pferd ein angenehmes Gefühl vermitteln können, dem es gerne folgt, so transportieren wir auch eine harte oder weiche Einstellung in unserem Zusammensein. Die tritt vor allem dann zutage, wenn das Pferd Fehler macht oder Missverständnisse entstehen. Dabei ist übrigens auch interessant, ob sich unsere Einstellung nur auf das Pferd beschränkt oder ob wir auch uns selbst gegenüber hart oder nachgiebig sind. Eine heikle Kombination für das Pferd ist dabei das Zusammentreffen von hohen Ansprüchen mit Ungeduld. Bei dieser Erwartungshaltung kann das Tier nur Fehler machen: Entweder es erledigt eine Aufgabe nicht gut genug oder es versteht, reagiert aber für unsere Begriffe zu langsam. Schafft es das Pferd, die Anforderungen zu erfüllen, sehen wir das dann wiederum in unserem Streben nach Perfektion als Selbstverständlichkeit an, statt uns zu freuen, dass uns das Pferd verstanden hat und willig gefolgt ist. In so einer Atmosphäre lernt keiner gern – weder Tier noch Mensch. Wer will schon einen Lehrer, dem man es nicht recht machen kann? So wie wir selbst Fehler machen und schlechte Tage haben, sollten wir auch dem Pferd zugestehen, nicht alle unsere Wünsche immer auf Anhieb perfekt ausführen zu können. Wenn es Fehler macht, liegt es immer noch an uns, wie wir darauf reagieren. Wir können es bestrafen, nur bringen wir dem Pferd dann bei, Angst vor Fehlern zu entwickeln. Oder wir können dem Pferd schlicht vermitteln, dass das nicht die gewünschte Antwort war und dass es das bitte noch einmal versuchen soll. Damit verwandeln wir einen Fehler einfach in einen weiteren Schritt hin zur richtigen Lösung. Ob wir harsch und ausfallend werden oder ruhig und geduldig bleiben, hängt von unserer Einstellung ab, von Laune und Geduld in diesem Moment.

Ich bemühe mich, insbesondere, wenn ich ein unsicheres Pferd vor mir habe, in solchen Situationen freundlich und aufmunternd zu denken: Statt „*Mensch, kannst du dich nicht einmal anstrengen*", lieber „*Ok. Das war nicht ganz das, was ich wollte. Versuch es noch mal, ich bin sicher, dass du es schaffst*". Aus dieser Geisteshaltung gehen überlegte Handlungen hervor, die das Pferd nicht erschrecken und nachvollziehbar bleiben. Es fühlt sich wohler, wird eher nach Lösungen suchen und Alternativen anbieten, ohne eingeschüchtert die Konsequenzen eines möglichen Fehlers zu erwarten.

****

Haben wir eine angenehme Lernatmosphäre geschaffen – und das liegt allein in unserer Hand –, dann müssen wir noch unser Auge für die Versuche des Pferdes schulen, um ihm eine möglichst direkte Rückmeldung geben zu können.

****

<u>Zum Beispiel das Rückwärtsrichten:</u>

Wenn ich ein Pferd mit dem Seil zurückschicken will – und ich wedele so lange hin und her, bis es im Zweitakt sauber nach hinten weicht –, habe ich wahrscheinlich eine schmerzende Schulter und das Pferd wird verwirrt und frustriert sein, weil es die Bewegung, die das Seil auf das Halfter überträgt, einfach nicht abstellen kann. Wir haben die Hilfe viel zu spät ausgesetzt. Anfangs ist es wichtig, zu erkennen, wann das Verständnis beim Pferd einsetzt. Häufig passiert das deutlich bevor es anfängt, sich zu bewegen: Vielleicht verändert das Pferd seinen Ausdruck, verlagert das Gewicht nach hinten oder hebt ein Bein. Sobald wir dieses Verständnis erkennen, beenden wir den Impuls am Seil und geben dem Tier eine Pause, um die Hilfe zu verarbeiten. Von da an geht es weiter in kleinen Schritten. So bestätigen wir, dass es auf dem richtigen Weg ist und dass es eigenständig eine Lösung für die Aufgaben finden kann, die wir ihm stellen. Diese Erkenntnis, dass das Pferd unser Verhalten beeinflussen kann und uns nicht einfach als Befehlsempfänger ausgeliefert ist, fördert wiederum das Selbstbewusstsein des Tieres und beugt der erlernten Hilflosigkeit vor.

Wenn das Pferd versucht zu gehorchen, aber noch nicht hundertprozentig das tut, was wir gerne hätten, und wir, statt abzuwarten, die Hilfe verstärken, verleiden wir ihm den Gehorsam. Es lernt, dass es schwierig ist, uns zufriedenzustellen und es wird seine Bemühungen reduzieren und Motivation verlieren.

Geben wir dem Pferd stattdessen lieber die Zeit, die es braucht – und erweisen ihm damit den Respekt, den es verdient.

Ich glaube, dass wir viel häufiger als uns lieb ist die Versuche unserer Pferde nicht wahrnehmen oder übersehen und dann denken, uns durchsetzen oder klarer ausdrücken zu müssen. Stattdessen wäre es hilfreicher, einfach einmal zu warten.

Dieses Warten hilft mir auch in einem anderen Zusammenhang: Nämlich dann, wenn ich eine Hilfe zum falschen Zeitpunkt gegeben habe und das Pferd wegen seiner Fußfolge nicht reagieren kann. Ich spüre an der veränderten Spannung im Pferd, dass mein Hinweis angekommen ist und warte, ob es die Hilfe umsetzt, wenn es vom Bewegungsablauf dazu in der Lage ist. Ich erhöhe den Druck nicht und gebe die Hilfe auch nicht neu. Und tatsächlich: Das Pferd reagiert meistens Sekundenbruchteile später wie von mir erwünscht, obwohl ich die Hilfe ausgesetzt habe, als es noch nicht körperlich reagiert hat. Wohl hat das Pferd aber verstanden, was ich meine, und kann deswegen meinen Wunsch umsetzen, ohne von mir noch einmal daran erinnert zu werden.

Macht keinen Wettbewerb daraus

"*When the horse is in trouble and the human doesn't know how to help him, the human lets his pride get in the way and the first thing you know – it's a contest. The human makes it a win or lose situation, and if you're not real careful, the horse comes out the winner. The horse doesn't know what win or lose is, or what a contest is, until the human shows it to him.*" (Ray Hunt)

(„Wenn das Pferd Probleme hat und der Mensch nicht weiß, wie er ihm helfen kann, dann kommt ihm sein Stolz in die Quere und es wird ein Wettbewerb. Der Mensch macht es zu einer Gewinne-oder-Verliere-Situation. Und wenn man nicht aufpasst, dann gewinnt das Pferd. Das Pferd aber weiß nicht, was es heißt zu gewinnen oder zu verlieren oder was ein Wettbewerb ist, bis der Mensch es ihm zeigt.“)

Dieses Zitat von Ray Hunt zeigt, dass uns unser Ego häufig im Weg steht – auch oder gerade im Umgang mit Pferden. Offensichtlich wird das bei Missverständnissen zwischen Mensch und Tier. Dann übernimmt unser Wille Recht zu behalten und uns durchzusetzen. Vielleicht, weil wir nicht als Versager dastehen wollen, weil wir glauben einen Ruf verlieren zu können. Vielleicht bringt das Verhalten des Pferdes auch Emotionen in uns zum Vorschein, mit denen wir nicht umgehen können. Wir ärgern uns, lassen unsere Wut am Pferd aus. Vielleicht fehlt uns auch einfach das Wissen mit manchen Situationen umzugehen und das versuchen wir dann durch Strenge, Kraft oder Gewalt zu ersetzen – schließlich wollen wir uns keine Blöße geben. Das Pferd weiß es natürlich besser, liest unsere Unsicherheit und schon befinden wir uns in einem Kampf, und zwar jenen, auf den sich Hunt bezogen hat. Legen wir es auf einen Kampf mit dem Pferd an, fordern wir es heraus, dann drängen wir es in die Defensive und gefährden seine Würde. Beides wird auch von Leslie Desmond und Buck Brannaman immer wieder thematisiert. Brannaman zum Beispiel warnt davor, das Pferd so sehr unter Druck zu setzen, dass es sich in die Enge getrieben fühlt und anfängt, sich zu verteidigen. Von Leslie Desmond begleitet mich in diesem Zusammenhang ein Satz: “*My control of his body costs him nothing*.“ („Meine Kontrolle über seinen Körper kostet ihn nichts.“) Wenn wir dem Pferd seine Würde lassen, es nicht unterdrücken, dann ermöglichen wir ihm einen willigen Gehorsam.

Fallbeispiel

Vor einiger Zeit habe ich mit einem einigermaßen sturen Norweger gearbeitet. Stur in dem Sinne, dass er nicht gelernt hatte auf Druck nachzugeben und erst einmal alle anderen Optionen austestete. Ich wollte, dass er seine Vorhand herumschwingt und auf einem Zirkel um mich herumgeht. Er hatte andere Vorstellungen, schlug mit dem Kopf, drehte ihn weg, um mich nicht anschauen zu müssen, drängelte in mich hinein oder streckte einfach die Nase in die Luft und versuchte mich zu ignorieren. Das oben erwähnte Zitat von Ray Hunt hat mich in dieser Situation vor Frustration und Ärger bewahrt. Zum einen, weil mich das Verhalten des Ponys nicht persönlich beleidigt hat. Ich wusste ja, dass es versuchte herauszufinden, was ich von ihm wollte – auch wenn es eine ganze Weile brauchte, um auf die richtige Idee zu kommen. Es leckte häufig seine Lippen und kaute viel. Um ihm zu helfen, habe ich die kleinsten Schritte in die richtige Richtung belohnt: den Kopf zu drehen, das Gewicht zu verlagern, einen Fuß in die gewünschte Richtung zu setzen. Ich habe sehr viel korrigieren müssen, also habe ich ihm die Führung gegeben, die er brauchte. Ich habe keinen Wettbewerb daraus gemacht und ebenfalls nicht auf die Uhr geschaut.

Was mir ebenfalls geholfen hat, war das Pferd zwischendurch immer wieder verbal zu loben. Auf diese Weise beugte ich Gedanken wie *„auf jetzt du Panzer, beweg deinen Hintern"* vor. Diese Worte halfen, meine Einstellung und Ausstrahlung freundlich zu halten, wobei ich denke, dass genau das der Schlüssel dazu ist, Aggression im Pferd zu vermeiden. Es fühlt, dass wir ihm helfen wollen, dass es nicht unsere Absicht ist es kleinzuhalten. Es fühlt, dass wir nicht auf einen Kampf aus sind, sondern auf Kommunikation.

Gehorsam: Die beste Option

Bei gutem Horsemanship geht es nicht um blinden Gehorsam. Pat Parelli zum Beispiel wird gern zitiert mit den Worten, dass Pferde "*puzzle solver*" sein sollen, also in der Lage, Aufgaben selbstständig zu lösen. Das fördern wir nicht, indem wir das Pferd ausschließlich auf Gehorsam drillen und ihm nur einen Ausweg aus einer Lernsituation geben – nämlich unseren. Vielmehr bieten wir ihm Optionen an, zwischen denen es wählen kann. Natürlich versuchen wir seine Wahl zu beeinflussen, aber nichtsdestoweniger: Das Pferd hat sie.

Wenn ich also möchte, dass mein Pferd linke Hand auf den Zirkel geht und ich hebe meine Hand, um ihm am Seil die Richtung zu weisen, dann kann das Pferd auch nach rechts gehen. Ich verhindere nicht, dass es das tut. Aber dann spürt es den Zug von Seil und Halfter und ich beginne die Peitsche oder das Rope- bzw. Strickende auf seine linke Schulter zu schwingen. Es kann weiterhin dagegen ziehen, aber es wird mich erst los, wenn es die Schulter herumschwingt und nach links auf den Zirkel geht.

Wenn das Pferd mehrere Möglichkeiten ausprobiert und testet, welche für es besser funktioniert, dann wird es sich künftig leicht für seine Lieblingsvariante entscheiden, weil es weiß, dass die anderen nicht so bequem ausfallen. Lassen wir dem Pferd dagegen keine Wahl und zwingen ihm das von uns gewünschte Verhalten auf, indem wir das unerwünschte verhindern, wird es seine eigene Idee im Hinterkopf behalten. Es legt nicht den Wunsch ab sie auszuprobieren, denn vielleicht wäre sie doch die bessere Option gewesen. So schaffen wir bestenfalls gehorsame Roboter, die gelernt haben, dass Widerstand nichts nützt und die sich gedanklich ausklinken. Oder wir züchten uns aufsässige Gegner und befinden uns dauerhaft im Konflikt.

Gutes Training lässt dem Pferd nicht nur die Wahl und erlaubt ihm seine Optionen zu testen, sondern es kann sie eigenständig entdecken.

Gutes Training ist so gegliedert, dass die (in unserem Sinne) richtige Wahl für das Pferd leicht zu treffen ist: Wir haben es mit unserer Vorbereitung in die Richtung geführt, dass das Pferd das erwünschte Verhalten als seine beste Option empfindet.

Ein alltägliches Beispiel ist das Longieren: Wenn ich mit einem Pferd arbeite, das im Trab ein Hohlkreuz macht, seine Nase in die Luft streckt und dabei noch nach außen schaut, kann ich an der Longe zupfen und versuchen, es über Longe und Körpersprache in eine Vorwärts-abwärts-Position zu dirigieren. (Ausbinder beziehungsweise Hilfszügel würden das Problem nur maskieren, statt die Ursache zu beheben. Zudem lassen sie dem Pferd nicht die Wahl, zwingen es in eine vorgegebene Körperposition und vermitteln keinerlei Gefühl, dem das Tier folgen kann. Aus diesen und noch einigen anderen Gründen lehne ich sie grundsätzlich ab.) Statt dem Pferd mit meinen Hilfen den Weg nach unten zu zeigen, kann ich aber auch so mit ihm arbeiten, dass es seine eigene Idee ist, die Nase herunterzunehmen und den Hals zu strecken. Dafür versuche ich zu verstehen, warum das Pferd sich verhält, wie es sich verhält.

Wenn Pferde in schlechter Haltung auf dem Kreisbogen laufen, dann haben sie in der Regel Probleme sich auszubalancieren. Das kann körperlich sein, aber auch mental und emotional – etwa, weil ihnen der Mensch da in der Mitte samt dem Laufen im Kreis auf die Nerven geht und sie das mit abgewandtem Kopf kommentieren oder weil sie lieber im Stall bei den anderen wären und den Kreis des Zirkels Richtung Tor ausweiten. Die direkte Korrektur der Körperhaltung des Pferdes – zum Beispiel Innenstellung verlangen oder die Schulter heraustreiben, weil diese in den Zirkel hineinfällt – adressiert nicht dessen mentalen Zustand. Da der Körper eine Ausdrucksform für den Geist ist, wäre es intelligenter, die Gedanken des Pferdes so zu steuern, dass daraus das erwünschte Verhalten resultiert. Um in guter Haltung auf dem Zirkel gehen zu können, muss das Pferd also zunächst aufmerksam sein und sich nicht durch jeden Reiz ablenken lassen. Zudem muss es bei uns sein wollen und sich nicht an einen anderen Ort wünschen. Damit haben wir die wichtigsten Voraussetzungen für ein entspanntes Pferd und für eines, das leicht den Kopf senken wird und kann, da eine entspannte Körperhaltung seinem Geisteszustand entspricht (siehe hierzu auch ab S. 62: „*Aufmerksamkeit: Die wichtigste Voraussetzung für Entspannung*“).

Falschverstandene Freundlichkeit

Wer streitet sich gern mit seinem Pferd? Ich denke, der eine oder andere kann daraus durchaus eine gewisse Befriedigung ziehen, bei einem Wesen seinen Willen durchgesetzt zu haben, das uns an Gewicht und Kraft so sehr überlegen ist. Aber die Mehrheit der Reiter(innen) strebt wohl eher nach Harmonie und gegenseitigem Verständnis. Das Pferd als Partner, als bester Freund. Ich glaube, dass uns dieser Wunsch durchaus in die Quere kommen kann.

Auch Freunde dürfen hin und wieder streiten – sogar in einer Freundschaft gibt es Reibungsverluste. Und eine gute Freundschaft hält unterschiedliche Ansichten aus.

Wir lernen, dass negative Emotionen beim Pferd nichts verloren haben und dass wir uns unter Kontrolle haben sollen und unsere schlechte Laune nicht am Tier auslassen dürfen. Wir lernen die Bemühungen des Pferdes anzuerkennen und den kleinsten Versuch zu belohnen. Wir legen das Verhalten des Pferdes zu seinen Gunsten aus: Klappt etwas nicht, dann hat das Pferd uns missverstanden, vielleicht waren wir in unserer Körpersprache nicht klar genug. Bietet das Pferd etwas an, was wir eigentlich gar nicht wünschen, nehmen wir es trotzdem gerne an – schließlich freut es uns, dass das Pferd etwas probiert – und versuchen daraus zurück zu dem zu kommen, was wir ursprünglich im Sinn hatten.

All diese Verhaltensmuster sind sehr pferdegerecht. Sie machen uns zu angenehmen Partnern: Aber nur, wenn wir es mit unserem guten Willen nicht übertreiben. Im Negativen wie im Positiven: Es kommt auch hier auf das rechte Maß an. Wir dürfen unserem Pferd auch mal sagen: „*Nein, das war falsch.*" Oder: „*Versuch das noch einmal.*" Oder sogar: „*Die Ausführung war schlampig. Das stellt mich nicht zufrieden. Wiederhole das.*" Wir müssen kein schlechtes Gewissen haben, wenn wir unseren Partner, unseren Freund Pferd, kritisieren und korrigieren. Ich ertappe mich immer wieder dabei, dass ich über dem Wunsch das Pferd motiviert zu halten (und es deswegen nicht zu häufig zu kritisieren) meine Klarheit verliere.

Ich gebe zum Beispiel das Signal, dass das Pferd auf den Zirkel hinausgehen soll. Stattdessen schaut es mich an und wartet. Das ist zwar nett, weil es eine Frage stellt, aber dafür muss ich es nicht loben. Stattdessen kann ich ihm eine klare Antwort geben. Nämlich: „*Danke für die Frage. Ich will, dass du auf den Zirkel gehst, und zwar jetzt.*" Tue ich das nicht, sondern vermittle dem Pferd dauerhaft „*Super, dass du eine Frage stellst!*", dann darf ich mich nicht wundern, wenn es künftig immer zögerlicher auf den Zirkel hinausgeht.

Strenge und eine deutliche Aufforderung zu gehorchen würden die Situation für das Pferd klar und eindeutig machen – und ihm damit mehr helfen, als meine Unentschlossenheit und mein Wunsch bloß nicht ausdrücklicher werden zu müssen. Schließlich könnte das als Unfreundlichkeit rüberkommen. Das Pferd könnte denken, dass ich nicht zufriedenzustellen bin. Es könnte mich nicht mehr mögen. Unterm Strich ist diese Art von falsch verstandener Freundlichkeit eher hinderlich als nützlich.

Was wir als unfreundliche Korrektur empfinden,
kann beim Pferd die lang ersehnte Klarheit schaffen.

Manche Trainer arbeiten nach dem Schwarz-Weiß-Prinzip, entweder macht das Pferd etwas falsch oder es macht es richtig. Ich denke, dass wir auch die Grau- und Zwischentöne nicht vernachlässigen dürfen und dass mehr dazu gehört als zwei Extreme. Aber ab und an hilft uns deren Kontrast und wir brauchen – trotz Harmoniebedürftigkeit – keine Scheu haben, uns diesem zu bedienen.

Fallbeispiel

Wie streng oder wie klar wir sein müssen, hängt auch vom Pferd ab. Beim Palomino zum Beispiel experimentiere ich mit Graden der Klarheit. Wenn ich ihm das falsche Verhalten zu unangenehm mache, er in der Freiarbeit davonläuft und ich ihn noch zusätzlich wegtreibe, dann entwickelt er Angst vor Fehlern. Mein Druck zusätzlich zu dem Druck, den er sich selbst macht, lässt seine "*cup of worry*" (Harry Whitney), seine Tasse voller Sorgen, überlaufen. Ignoriere ich seine Fehler komplett, fehlt ihm dagegen die Klarheit, was ich von ihm erwarte. Er braucht meinen Kommentar zu seinem Verhalten, um zu wissen, was richtig ist und was nicht. Ziehe ich mich so weit zurück, dass ich alles, was er anbietet, akzeptiere und ihn nicht mehr korrigiere, beginnt er außerdem aufdringlich zu werden. Er versucht mich wegzuschieben und sein Gesichtsausdruck wird grantig. Wenn ich ihn also nicht klar führe, versucht er die Führung zu übernehmen. Wenn ich ihm nicht sage, was er tun soll, dann dreht er die Rollen um und sagt mir, was Sache ist. Bin ich zu nachgiebig und weiche in meinen Ansagen, verunsichert ihn das genauso, als wenn ich ihn mit zu viel Druck stresse.

Beim Projektwallach dagegen kann ich mir Nachlässigkeiten erlauben, ohne dass sich das negativ auf unsere Beziehung auswirkt. Ich denke, dass das auch mit der Stabilität der Pferd-Mensch-Beziehung zu tun hat. Kennt man sich schon länger, schaut man großzügiger über kleine Fehler des anderen hinweg, weil man weiß, dass diese eben dem Moment geschuldet waren und kein Dauerzustand sind. Der andere ist einem dennoch ein zuverlässiger Partner. Kennt man sich dagegen noch nicht so lange, kann man das Verhalten des anderen noch nicht in einen größeren Zusammenhang einordnen. Dann gewinnen die kleinen Nachlässigkeiten an Bedeutung und verändern die Einschätzung der Partner voneinander.

Mit Pferden von Kunden begegnet es mir oft, dass mir fremde Pferde Freundlichkeit als Schwäche auslegen. Bin ich zu schnell zu nachgiebig und damit zu unklar, fühlt sich das Pferd alleine gelassen und versucht, unabhängig von mir Entscheidungen zu treffen.

Kommunikation: Widersprüche überwinden

Pferde kommunizieren überwiegend mit Körpersprache. Wir auch. Zunächst sind wir Menschen zwar verbale Wesen. Das, was wir sagen, muss allerdings nicht immer dem entsprechen, was wir meinen – ob beabsichtigt oder nicht. Unsere Mimik, unsere Körpersprache und unsere Haltung ergänzen oder entlarven dann das Gesagte. Wer hat das nicht selbst schon erlebt: Missverständnisse durch schriftlichen Austausch entstehen so viel häufiger als am Telefon (wo zumindest die Stimmlage und die Lautstärke der Worte noch auf deren Bedeutung Rückschlüsse erlauben) oder im direkten Gespräch von Angesicht zu Angesicht. Steht man sich gegenüber, ist Kommunikation so viel einfacher, weil man ihre Facetten mit allen Sinnen erfassen kann. Das ist bei der Interaktion mit dem Pferd zwar gegeben und somit die Voraussetzungen für eine gelingende Verständigung eigentlich optimal. Da Pferde aber deutlich schärfere Sinne haben als wir, mehr Bilder in der Sekunde sehen und eine vielfach ausgeprägtere Wahrnehmung haben, kann unser Versuch der Kommunikation schon mal ziemlich derb wirken – und vor allem widersprüchlich. Zum Beispiel wollen wir das Pferd mit der Peitsche vorantreiben, blockieren es aber gleichzeitig mit unserer Schulter. Oder wir wollen, dass es herkommt und rufen es, gehen ihm aber gleichzeitig mit ordentlich Energie entgegen, schauen ihm direkt auf den Kopf in die Augen und senden so eher das Signal *„weiche aus, ich nehme hier jetzt den Raum ein"*.

Sind Pferde diesen widersprüchlichen Ansagen lange genug ausgesetzt, lernen sie uns zu ignorieren und stumpfen ab.

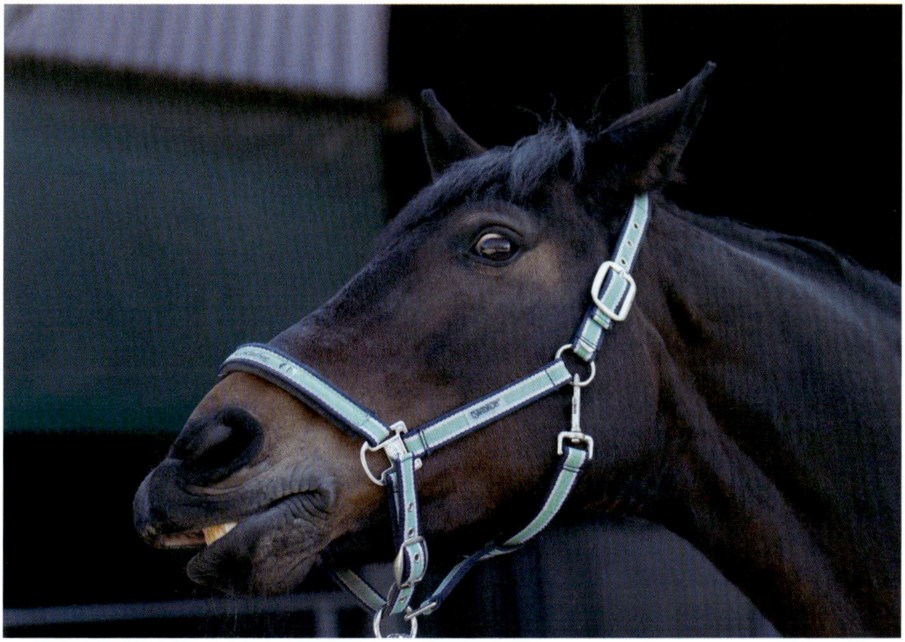

Manche Pferde kommen aber auch mit paradoxem Verhalten vonseiten des Menschen nicht klar – sie entwickeln dann Angst und Unsicherheit.

Deswegen bedarf es beim Neustart, wenn wir nach einer Zeit des Widerspruchs versuchen eine klare Kommunikation zu etablieren, manchmal mehrerer Anläufe. Die Pferde werden wahrscheinlich nicht sofort „richtig reagieren", wenn wir anfangen, bewusster mit unserem Körper und der Energie, die wir transportieren, umzugehen. Sie können nach den vielen widersprüchlichen Signalen im Vorfeld unsicher sein, ob wir tatsächlich meinen, was wir dieses Mal sagen. Dann müssen wir als Menschen dranbleiben, um Klarheit zu schaffen – und im richtigen Moment nachgeben.

Vielleicht kennen Sie den Spruch der amerikanischen Väter des Horsemanship, wie wir es heute praktizieren: "*Pressure motivates, release teaches*" (Druck motiviert, Nachlassen lehrt). Wenn Sie, obwohl das Pferd wie gewünscht reagiert hat, die Hilfe nicht abbrechen (dem weiter ausgebildeten Pferd reicht auch ein Nachlassen. Aber am Anfang ist eine komplette Pause nötig), wird das Pferd weiter nach der richtigen Lösung suchen und Sie verlängern sowie erschweren unnötig die Kommunikation. Bleiben Sie von daher aufmerksam und bereit nachzugeben.

Was sind „richtige" Hilfen?

Jüngst habe ich in einem alten Lehrbuch folgenden Satz gelesen: „*Nur aus dem richtigen Sitz können richtige Hilfen gegeben werden*". Wenn „richtig" bedeutet, dass die Hilfen korrekt im Sinne einer Reitlehre gegeben werden, dann stimmt die Aussage. Das reicht aber nicht. Viel wichtiger als die genaue, da korrekte Lage des Schenkels oder die Haltung der Hand, ist die Frage, ob die Hilfe vom Pferd verstanden wurde oder nicht. Für mich ist eine Hilfe zunächst einmal dann richtig, wenn sie effektiv ist, das heißt, sie wird vom Pferd erkannt und umgesetzt. Meine Einwirkung kann noch so lehrbuchkonform erfolgen, wenn das Pferd sie nicht versteht, ist sie nichts wert. Natürlich könnte man jetzt argumentieren, dass doch gerade die Lage von Hand und Schenkel bestimmt, ob das Pferd etwas mit einer Hilfe anzufangen weiß oder nicht. Ich denke dagegen, dass die Bedeutung der genauen Position unserer Körperteile überschätzt wird, weil sie an sich für das Pferd keine eigene Bedeutung haben. Wir bringen ihm erst bei, wie es darauf zu reagieren hat, und können es demnach auch auf ein anderes Signal konditionieren. Das beweisen die unterschiedlichen Ansätze der Reitweisen. Wo der Englischreiter mit dem inneren Schenkel angaloppiert, benutzt der Westernreiter den äußeren – und öffnet den inneren. Der Westernreiter belastet dabei den äußeren Sitzknochen, der Englischreiter den inneren. Die Hilfengebung ist also fast gegenteilig. Und dennoch reagieren Pferde auf diese unterschiedlichen Signale gleich – sie galoppieren an. Jede Reitweise hat ihre speziellen Hilfen, manche erleichtern dem Pferd das Verständnis, andere erschweren es. Um beim Galopp zu bleiben: Das Pferd leitet den Galopp mit dem äußeren Hinterbein ein. Also ist es sinnvoll, die Hilfe mit unserem äußeren Bein zu geben, da dieses direkt das entsprechende Hinterbein anspricht. Weiter hebt das Pferd im Handgalopp die innere Schulter stärker als die äußere. Also sollte der Reiter diese Schulter frei machen – und sie nicht zusätzlich belasten, indem er nach innen sitzt. Im Falle der Galopphilfe macht die englische Variante dem Pferd das Angaloppieren unnötig schwer, egal, wie „korrekt" sie gegeben wird: Der Reiter belastet an Stellen, wo er nicht belasten sollte, und seine Hilfen sind abgekoppelt von der Beinfolge des Pferdes.

Abgesehen von der korrekten Position unserer Glieder streben wir Reiter eine harmonische, weil unsichtbare Hilfengebung an. Doch auch hier gilt:

Es bringt nichts, seine Signale der Optik unterzuordnen, wenn damit das Wichtigste – nämlich ihre Bedeutung fürs Pferd – auf der Strecke bleibt.

Der Weg zu feiner Einwirkung führt hin und wieder über sichtbare Hilfen und sogar ggf. Disharmonie. Lieber eine Hilfe, die vom Pferd ernst genommen und umgesetzt wird, auch wenn das bedeutet, sie verstärken zu müssen. Das verschafft dem Tier Klarheit.

Lassen wir dagegen zu, dass es unsere sanfte und subtile Hilfe ignoriert und daraus keine Konsequenzen entstehen, verwässern wir unsere Signale. Damit ordnen wir die klare Kommunikation einer Pseudo-Harmonie unter, die am Ende weder dem Pferd noch dem Menschen dient. In diesem Hilfen-Dilemma befinden sich übrigens viele Schulpferdreiter. Die Tiere sind oft so abgestumpft, dass sie alle Hilfen ignorieren, korrekt gegeben oder nicht.

Reaktion ist nicht gleich Reaktion

Am Anfang interessiert uns in der Kommunikation mit dem Pferd in erster Linie das „Was". *Was will ich dem Tier vermitteln, was ist meine Hilfe, welche Reaktion soll es darauf zeigen, was soll es lernen?* Sobald das „Was" etabliert ist, verfeinern wir und nähern uns dem „Wie". *Wie genau soll das Pferd reagieren, wie kann ich meine Hilfe minimieren, wie finde ich den richtigen Zeitpunkt für meine Hilfe, wie ist der Ausdruck des Pferdes?* Wo anfangs die reine Ausführung im Mittelpunkt stand, verschiebt sich der Fokus nun auf deren Qualität. Um das Optimum zu erreichen, muss das Pferd verstanden haben, was der Mensch will, und dies ohne Widerwillen oder Angst ausführen können. Im Englischen gibt es für die Art und Weise, wie ein Pferd auf unsere Anfrage reagiert, zwei Begriffe: "*Reaction*" und "*Response*". Erstere entspricht dem spontanen, intuitiven, oft emotionalen Reagieren. Letztere der überlegten Reaktion, die mit Verständnis einhergeht. Wir wollen, dass das Pferd mitdenkt und dass es versteht, was wir von ihm fordern; wir streben die "*Response*" an.

Lernen beginnt mit einer Reaction, die wir dann langsam in eine Response formen.

Das Pferd reagiert zunächst instinktiv auf den Druck, den wir aufbauen, wenn wir etwas von ihm verlangen: Vielleicht geht es dagegen oder es versucht, sich zu entziehen. Gerade am Anfang, wenn wir neue Hilfen etablieren, weiß das Pferd noch nicht, was von ihm erwartet wird – es kann mit Verwirrung und Angst reagieren. Beides nehmen wir ihm, indem wir im richtigen Moment nachgeben und den Druck aussetzen. Das zeigt dem Pferd, dass es die richtige Lösung gefunden hat. So helfen wir ihm unsere Frage zu verstehen und die anfängliche "*Reaction*" in eine "*Response*" zu verwandeln. Es lernt, dass wir ihm die Zeit zum Nachdenken geben und dass es eine Lösung finden kann. Es lernt, dass es nicht hektisch reagieren muss, sondern, dass wir etwas verlangen, was es auch leisten kann.
Man kann ein Pferd auch ausschließlich in der "*Reaction*" trainieren und es in diesem Zustand halten. Gehorsam ist auch dort möglich. Allerdings geht das dann häufig mit einschüchternden Trainingsmethoden oder schlicht fehlender Empathie des Ausbilders einher.

Wer seinem Pferd nicht hilft, von der anfänglichen Reaction zur Response zu kommen, lässt es im Dunkeln und verhindert Harmonie und Verständnis.

Fallbeispiel

Nur, weil eine Reaktion prompt und richtig erfolgt, bedeutet das nicht, dass das Pferd meine Hilfe tatsächlich verstanden hat. Zwei Ponys, mit denen ich arbeite, zeigen beide schnellen Gehorsam, etwa, wenn ich sie am Seil auf den Zirkel sende oder wenn ich sie durchpariere, indem ich die Hinterhand nach außen übertreten lasse, sodass sie zum Halten kommen und mich dabei ansehen. Doch die Emotionen dahinter unterscheiden sich: Das kleine Pony reagiert richtig, weil es verstanden hat, was ich meine. Es ist einverstanden mit meinen Anfragen, es weiß, was ich von ihm erwarte, und erfüllt meine Wünsche willig und zackig. Der Palomino dagegen reagiert, weil ihn meine Aufforderung veranlasst etwas zu unternehmen – er ist zu sensibel, um meine Hilfen, Führhand und Energie zu ignorieren. Gleichzeitig ist er aber auch unsicher, was ich genau von ihm möchte. Die Situation stresst ihn.

Der Lern- beziehungsweise Lehrprozess bei beiden könnte unterschiedlicher nicht sein. Das weiße Pony hat schon immer eigene Ideen eingebracht: Vor allem von meiner Aufforderung links auf den Zirkel zu gehen hielt es eingangs nicht viel. Seine Interpretation lautete dann nach vorne kommen, um mich wegzuschubsen, sich ins Seil hängen und nach rechts weiter düsen oder alternativ rückwärts ausweichen. Alles, aber nicht nach links gehen. Ich wies ihm mit der linken Hand am Seil die Richtung und rotierte den Schlag des Sticks in Richtung seiner linken Schulter. So lange, bis das Pony alle seine Ideen getestet und für untauglich befunden hatte und die Ausweichmanöver abbrach. Den ersten Schritt nach links belohnte ich mit sofortiger Pause. Der kleine Weiße hat schnell begriffen, wie er diese Rückmeldung einzuschätzen hat. Heute geht er auf Fingerzeig nach links. Er hat verstanden, dass Gehorsam eine gute Option ist, weil er seine eigenen Vorstellungen ausprobieren konnte, aber gelernt hat, dass er mich und die schwingende Peitsche damit nicht loswird. Geht er auf Fingerzeig nach links, werde ich still und stelle meine Hilfen ein. Er hat gelernt, wie er mich zum Schweigen bringen kann, und er benutzt diesen Ausknopf willig und schnell.

Der Palomino dagegen unterbreitete mir von Anfang an keine eigenen Vorstellungen, weil er zu angespannt auf meine Ansagen wartete. Das Pony ist schusssicher, was Umweltreize angeht. Sobald aber die Zusammenarbeit mit Menschen ansteht, holen ihn Angst und Skepsis ein. Ich vermute, dass er – mittlerweile 22 Jahre alt – nie gelernt hat, Anforderungen des Menschen tatsächlich zu verstehen und ihnen gewachsen zu sein. Er steckt im Status der "*Reaction*" fest. Denn als sensible Natur bedarf es nicht viel Druck, um seine Füße zum Tanzen zu bringen. Er bietet dann alles Mögliche an. Ich habe ihm auch nicht beibringen müssen, wie er seinen Körper auf meine Hilfen hin positionieren soll (in der Bodenarbeit) – er reagierte prompt auf meine Ausrichtung und meine Energie und landete genau da, wo ich ihn haben wollte. Damit habe ich zwar ein gehorsames, aber kein sicheres Pferd. Seine Bewegungen waren eher Flucht und Ausweichmanöver als ein verständiges Weichen nach meinen Vorgaben. Seine Unfähigkeit zu denken tritt auch bei den Wechseln zwischen Sensibilisieren und Desensibilisieren hervor: Bewegungen der Peitsche haben ihn anfangs stark verunsichert. Mittlerweile hat er verstanden, dass sie nicht immer eine Bedeutung für ihn haben müssen. Würde ich die Einheit mit dem Desensibilisieren abschließen, hätte ich ein entspanntes Pferd. Verlange ich danach aber Bewegung von ihm und gebe der Peitsche eine Bedeutung, weil sie als Verstärkung meiner Körpersprache dient, dann überrasche ich ihn damit und er fällt wieder in sein altes Fluchtmuster. Der Palomino liest meine Körpersprache nicht und entsprechend fühlt er sich dann ungerecht behandelt und gestresst. Schließlich habe ich ihm die Peitsche gerade noch als harmlos verkauft und auf einmal schwinge ich sie gegen ihn! Um mich einschätzen zu können und um dadurch die Sicherheit zu haben, dass ich ihn nicht überfalle oder Dinge verlange, die er nicht leisten kann, muss er das Hinschauen und das Mitdenken lernen. Ich versuche ihm das zu erleichtern, indem ich viel wiederhole, meine Körpersprache übertreibe und die Phasen langsam hochfahre, sodass er die Möglichkeit hat, die richtige Lösung zu finden, ohne in den hohen Druck hineinzulaufen. Beim weißen Pony hat eben dieser hohe Druck der schwingenden Peitsche geholfen, ihn davon zu überzeugen, dass meine Ideen die besseren sind. Der Palomino dagegen ist in so einem Umfeld noch weniger in der Lage, klar zu denken.

Was genau lernt das Pferd gerade?

Eine alltägliche Szene: Ein Pferd wird am kurzen, straffen Seil geführt und gehalten. Es läuft mit und steht dann still, fängt aber nach einigen Augenblicken an zu zappeln. Es schlägt mit dem Kopf, drückt mit der Schulter in die Frau, die es hält, und zieht am Seil. Doofes Pferd, könnte man denken, zu ungeduldig, um einfach mal still zu stehen. Schaut man aber genauer hin, müsste die Schlussfolgerung eine andere sein: Der Mensch nämlich löst das Verhalten des Pferdes aus. Er hält das Tier kurz, damit es nicht davonläuft und um es gut kontrollieren zu können. Mit dem Ergebnis, dass das Pferd immer Druck auf Halfter und Kopf hat und diesem nie entgehen kann. Statt, wie erwünscht, stillzustehen, wird es verschiedene Möglichkeiten ausprobieren, um den lästigen Druck loszuwerden – und dann zeigt es jene Verhaltensweisen, die wir Menschen nicht wollen. Die Lösung wäre denkbar einfach:

Den Druck dann rauszunehmen, wenn das Pferd sich korrekt verhält.
Also: loses Seil, wenn es brav steht.

„*Gib dem Tier die Chance, sich zu benehmen,*“ hat Buck Brannaman einmal auf einem Seminar gesagt. Und greife dann ein, wenn es sich nicht benimmt. Pferde lernen, auch wenn wir denken, ihnen gerade nichts beizubringen. Entsprechend eignen sie sich nicht nur Verhaltensweisen an, die wir sorgfältig trainiert haben, sondern auch solche, die wir ihnen unbewusst leicht gemacht haben, weil wir im falschen Moment nachgegeben haben oder nicht aufmerksam genug waren.

Fallbeispiel

Manchmal reicht dafür ein einziger erfolgreicher Versuch aus. Ich wollte ein Pferd zwischen Bande und mir hindurch schicken – weg vom Tor. Der Wallach wollte lieber am Tor bleiben und weigerte sich, nach vorne zu gehen. Stattdessen drehte er sich und drängte in Richtung Tor. Ich war zu langsam und hatte innerhalb von Sekunden seine Hinterbeine statt seinen Kopf vor dem Gesicht. Der Wallach drehte sich weiter von mir weg, mit dem Ergebnis, dass ich das Seil loslassen musste, um nicht in Trittdistanz seiner Beine zu geraten. Er begriff sofort, dass er frei war, und galoppierte davon in die Halle. Ich fing ihn wieder ein, brachte ihn nochmals zum Tor und forderte ihn erneut auf, zwischen mir und der Bande hindurch zu gehen. Sofort versuchte er sich abermals zu drehen, um mich dazu zu bringen, das Seil loszulassen. Dieses Mal war ich besser vorbereitet. Dennoch habe ich dem Pferd unwillentlich beigebracht, dass es mich auf eine bestimmte Weise loswerden kann.

<u>Grundsätzlich gilt:</u> Wenn die Kommunikation nicht direkt klappt, können wir uns trotzdem fragen, was das Pferd im Augenblick lernt:

Machen wir ihm ein Verhalten leicht, das für unsere Zwecke eher hinderlich und problematisch ist? Oder unterstützen wir es, die richtige Lösung zu finden, sind aber nur noch nicht ganz am Ziel?

Wenn ich zum Beispiel ein Seitwärts über eine Stange will und das Pferd hat Schwierigkeiten seine Füße zu sortieren, bleibt aber im Seitwärts, ist das trotzdem förderlich, da das Pferd meinen Seitwärtsfokus umsetzt. Wenn es dagegen versucht, immer möglichst schnell mit allen vier Beinen über die Stange zu steigen, hat es meinen Fokus nicht verstanden. Dann lernt es womöglich nicht seine Beine zu koordinieren, sondern die Stange zu vermeiden, da diese mit Stress verbunden ist. Wenn ich mir dessen bewusst bin, kann ich gegensteuern, indem ich das Pferd erst einmal über der Stange parke und es stehen lasse. Manche Tiere fühlen sich unwohl, wenn sie etwas unter ihrem Bauch spüren. Ich gehe im Training also einen Schritt zurück, um meinem Pferd zu helfen, das Richtige zu lernen.

Aktives Nichtstun

Warten ist ein Zeichen des Respekts gegenüber dem Pferd. Wenn wir warten, geben wir ihm die Zeit nachzudenken und die Lösung für eine Aufgabe zu finden. Häufig tun wir das aber nicht, weil Geduld nicht zu unseren Stärken zählt. Wir geben eine Hilfe und das Pferd muss sofort reagieren. Natürlich sollte es das ab einem gewissen Ausbildungsstand tatsächlich tun. Aber am Anfang ist eine Verzögerung wahrscheinlich – und auch nicht weiter schlimm. Wir können sie nutzen, um unsererseits das Warten zu lernen.

Warten funktioniert in verschiedenen Zusammenhängen: Zum einen räume ich dem Pferd innerhalb einer Trainingseinheit Zeit ein zu reagieren. Zum anderen hilft es manchen Pferden eine Lektion über Wochen ruhen zu lassen und nicht mehr abzurufen. Außerdem entspannt aktives Nichtstun eine festgefahrene Situation.

Praxistipp

Ein junger Wallach geht normalerweise gern mit seinem Menschen am Halfter mit. Jetzt wird ihm die Runde aber zu langweilig und er bleibt stehen. Der Mensch geht weiter und ruckt am Führseil. Das Pferd steht immer noch. Der Mensch spricht ein paar auffordernde Worte – ohne Ergebnis. Der Mensch geht zum Pferd zurück, nimmt es kürzer und versucht es auf diese Weise in Bewegung zu bekommen. Wieder erfolglos. Jeder dieser Versuche hätte zum Erfolg führen können, obwohl sie nicht empfehlenswert sind, wenn der Mensch mehr als ein paar Sekunden drangeblieben wäre, ohne die Strategie zu ändern. Selbst wenn das Pferd willig gewesen wäre, der Aufforderung zu folgen, hat der Mensch ihm zu wenig Zeit gegeben.

Im nächsten Versuch nimmt der Mensch das Führseil auf, baut Druck auf und hält ihn. Es soll nicht in ein Tauziehen mit dem Pferd ausarten, aber genug Zug sein, um dem Pferd das Stehen ungemütlich zu machen. Das Pferd hängt die Nase in das Seil und hält gegen. Wir warten. Es dauert nicht mal eine Minute, bis das Pferd nach Alternativen sucht. Erst schüttelt es den Kopf und versucht, sich so zu entziehen, dann kommt es einen Schritt nach vorne und entspannt das Seil. Nicht Kraft, sondern Durchhaltevermögen hat uns hier geholfen. Wir haben einfach so lange gewartet, bis das Pferd die Entscheidung getroffen hat, dass es besser ist mitzukommen.
Falls das Pferd trotz Zug am Seil nicht mitgekommen wäre, ist es nicht hilfreich, den Zug zu verstärken. Ein Wettziehen gewinnt am Ende immer das Pferd. Ratsam ist es eher, eine treibende Hilfe hinzuzufügen, indem man das Seilende schwingt oder mit einem Stick oder einer Peitsche das Pferd touchiert und es so zum Mitgehen auffordert.

Wenn ich mein Projektpferd von der Koppel hole, finden wir uns in einer ähnlichen Situation wieder: Er hebt den Kopf, sieht mich und wartet. Dann senkt er wieder die Nase ins Gras. Kurze Zeit später hebt er sie wieder und schaut erneut nach mir. Auch hier könnte ich ihn auffordern, direkt und schneller zu kommen. Wenn ich aber einfach abwarte, erreiche ich das Gleiche mit weniger Aufwand meinerseits. Ich habe den Eindruck, der Wallach muss sich erst auf meine Anwesenheit einstellen. Sobald er das getan hat, kommt er.

Eine andere Form des Wartens ist das aktive Nichtstun. Wir warten dann darauf, dass das Pferd mental und emotional bereit ist, uns zu folgen oder sich mit einer Aufgabe auseinanderzusetzen, und zwar, ohne etwas Konkretes zu fordern.

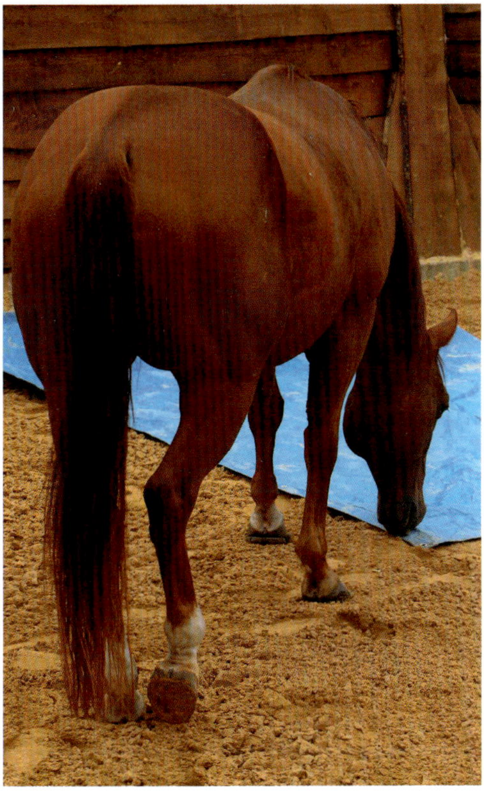

Für unsichere Pferde kann das extrem wichtig sein. Wir Menschen sind dann reine Begleiter, wir verlangen nichts vom Pferd, geben keine Hilfen, sondern verbringen Zeit mit ihm. Wir machen maximal Angebote und es steht dem Pferd frei, auf sie einzugehen. Häufig liegt es nicht in der Natur solcher Pferde (oder es wurde ihnen vom Menschen nachhaltig ausgetrieben) Eigeninitiative zu zeigen. Sie sind nicht neugierig, warten lieber ab und haben manchmal auch Angst, selbst etwas anzubieten, weil der Mensch sie dafür normalerweise abstraft. Schließlich soll das Pferd ja gehorchen und nicht eigenständig etwas entscheiden.

Diesen Pferden können wir eine ganz neue Perspektive eröffnen, wenn wir sie einfach mal machen und erkunden lassen und ihnen nicht jeden Schritt und jede Bewegung vorschreiben.

Manchmal reicht schon die Erwartungshaltung des Menschen, um zu großen Druck aufzubauen. Wir fixieren das Pferd, wollen, dass es etwas tut, sich in Bewegung setzt oder den Ball, den wir extra in die Halle gerollt haben, anstupst. Das Tier aber steht wie eingefroren und erwartet Befehle. Statt auf eine Reaktion zu warten, könnte man ein Gespräch mit einem Mitreiter beginnen. Sobald der Mensch das Pferd nicht mehr fokussiert, kann dieses beginnen, sich zu entspannen. Es fühlt sich wohler, sicherer – und auf dieser Basis können sich Neugierde und Eigeninitiative entwickeln. So unproduktiv oder sogar schädlich das reine Abwarten uns manchmal erscheinen mag, manchen Pferden verhilft es zu mehr Selbstvertrauen.

Geduld ist ein entscheidender Faktor im Pferdetraining. Dazu gehört auch das Pferd manchmal eine Zeit lang auf die Weide zu entlassen, damit es sich frei bewegen kann und Vergangenes verarbeiten und „rauslaufen“ kann.

Bei einer weiteren Form des Wartens können Wochen ins Land gehen. Auch wenn man den Eindruck hat, Zeit zu verschwenden, meist ist sie gut investiert. Der Zeitpunkt für eine solche Pause kommt häufig, wenn man verbissen und krampfhaft an einer Lektion arbeitet. So sehr uns Ziele den Weg weisen und uns motivieren – manchmal verleitet unser Ehrgeiz uns dazu, den Wald vor lauter Bäumen nicht zu sehen. Wir verderben uns den Spaß; ganz zu schweigen von unserem Pferd, für das die Trainingseinheiten zum Drill werden. In so einer Sackgasse kann es hilfreich sein, den Stand der Dinge zu akzeptieren und ihn vorläufig ruhen zu lassen, sich anderen Übungen und Beschäftigungen zuzuwenden und Abwechslung zuzulassen. Fragt man dann nach ein paar Wochen die alte Übung wieder ab, kann sie das Pferd häufig besser ausführen, obwohl sie nicht aktiv trainiert wurde. Ich habe den Eindruck, dass das Tier sich mental darauf einstellen konnte. Es hat die Übung prozessiert, vielleicht besser verstanden. Möglicherweise spürt es auch weniger Druck von unserer Seite, weniger Erwartungshaltung und reagiert mit weniger Bedenken.

Loslassen hilft uns und den Pferden.

Druck oder Gefühl?

„Druck“: In dem Begriff schwingt nicht viel Positives mit. Wer Druck sagt, denkt an Stress, Zwang und an Widerstand. Umso mehr scheut man sich, ihn im Zusammenhang mit der Ausbildung von Pferden zu benennen. Immerhin will man nicht den Eindruck erwecken, dass man das Pferd gegen seinen Willen gefügig macht. Freiwilligkeit und Harmonie will man erreichen und betonen, denn man strebt die Zusammenarbeit auf Augenhöhe mit dem Partner Pferd an.

Schaut man sich jetzt die Definitionen der Verhaltenswissenschaft an, fällt auf, dass im Horsemanship vor allem mit negativer Verstärkung gearbeitet wird: Der Mensch baut einen Reiz auf, der das Pferd zum Reagieren veranlassen soll. Gibt das Pferd die gewünschte Antwort, hört der Reiz auf. Und was ist ein Reiz anderes als eine Form von Druck? Wir schwingen das Seil in Richtung der Hinterhand des Pferdes, damit es einen Schritt zur Seite macht = Druck als Bewegungsenergie.

Wir legen die Hand auf die Nase und das Genick des Pferdes und üben Druck aus, damit das Tier seinen Kopf senkt = Druck als direkte Form der Berührung.

Kommunikation im Horsemanship basiert auf Druck. Bedeutet das nun, dass die alten Horsemen nichts anderes waren als höchst effiziente Druckmacher? Die Dorrance-Brüder, Tom und Bill, saßen mit über 90 Jahren noch im Sattel. Da konnten sie mit Kraft nicht mehr viel ausrichten – Bill Dorrance war nicht mehr in der Lage, den Sattel aufs Pferd zu wuchten und hatte sich dafür einen Seilzug gebaut. Die Greise konnten körperlich auf das Pferd nicht mehr stark einwirken, da ihnen schlicht die Kraft ausgegangen war. Trotzdem funktionierte die Kommunikation zwischen Pferd und Mensch. Das liegt daran, dass gute Horsemen nicht mit Druck arbeiteten, sondern mit Gefühl, dem viel zitierten "*Feel*". Gefühl kann von innen kommen, vergleichbar also mit einer Emotion. Gefühl kann man aber auch mit den Händen vermitteln, mit Berührung und Energie. Eine Berührung ist immer eine Form von Druck – schließlich trifft man auf den Widerstand des Berührt-Werdenden. *Ist eine Berührung deswegen immer negativ?* Nein. Sie kann es sein, muss es aber nicht. Das ist abhängig von der Art und Weise, wie die Berührung erfolgt. Hart und stark? Weich und nachgiebig? Schnell und hastig? Langsam und zögerlich?

Wenn wir es schaffen, dem Pferd Druck als Gefühl zu vermitteln, kann es ihn als etwas Angenehmes wahrnehmen.

Wenn wir das richtige Tempo und die richtige Stärke gefunden haben, machen wir dem Pferd den Gehorsam leicht und angenehm. Wobei das Gefühl über die direkte Berührung hinausgeht. Ich kann zum Beispiel ein Gefühl in das Seil legen, mit dem ich das Pferd zum Herkommen auffordere. Ich gebe also Zug auf das Seil auf eine Art, die beim Pferd als höflich ankommt. Ich schließe meine Finger langsam und steigere den Zug, statt plötzlich am Seil zu rucken. Oder ich schicke das Pferd los, indem ich meinen Arm ausstrecke, meinen Körper entsprechend eindrehe und ihm damit ein Gefühl für die Richtung gebe, die es einschlagen soll.

Falsch verstandenes Horsemanship schafft Pferde, die sich auf Druck bewegen. Sie sind zwar gehorsam und reagieren auf die Einwirkung des Menschen, diese Pferde haben Druck aber als etwas Unangenehmes kennengelernt. Sie versuchen ihm auszuweichen, ihm zu entgehen, statt ihn anzunehmen und ihm zu folgen. Daraus können weder Geschmeidigkeit noch Fluss entstehen. Das Pferd reagiert aus der Defensive heraus, es will sich vor negativen Konsequenzen schützen. Im Gehorsam schwingen Unsicherheit und Angst mit.

Ein Pferd, das dagegen mit "*Feel*" ausgebildet wurde, reagiert weich auf die Einwirkung des Menschen. Nur wenn der Druck als Gefühl vermittelt wird, kann Geschmeidigkeit entstehen. Dieses Gefühl setzt voraus, dass das Pferd die Hilfe verstanden hat – die englische Sprache unterscheidet hier zwischen "*Reaction*" und "*Response*".

Ist Gefühl im Spiel, zeigt das Pferd eine Response. Fehlt das Gefühl, zeigt das Pferd eine Reaction.

Verständnis muss dem Gehorsam vorausgehen, damit das Pferd uns willig folgen und Harmonie entstehen kann. Dann haben wir das Pferd mental und emotional auf unserer Seite und die Kommunikation wird nahezu unsichtbar.

An körperlichem Druck im Umgang mit dem Pferd führt kein Weg vorbei, er ist ein wichtiger Kommunikationskanal zwischen Pferd und Mensch.

Beide sprechen nicht die gleiche Sprache. Da wir dem Pferd die deutsche Sprache nicht beibringen werden, wir uns andererseits aber auch nicht in Brummellauten und Wiehern ausdrücken wollen, was auch nur einen Bruchteil der Pferdesprache ausmacht, müssen wir einen gemeinsamen Nenner finden, um Kommunikation einleiten zu können. Und dieser führt über die physische Beeinflussung des Körpers des jeweils anderen, der Berührung.

Der Unterschied zwischen Strafe und Druck

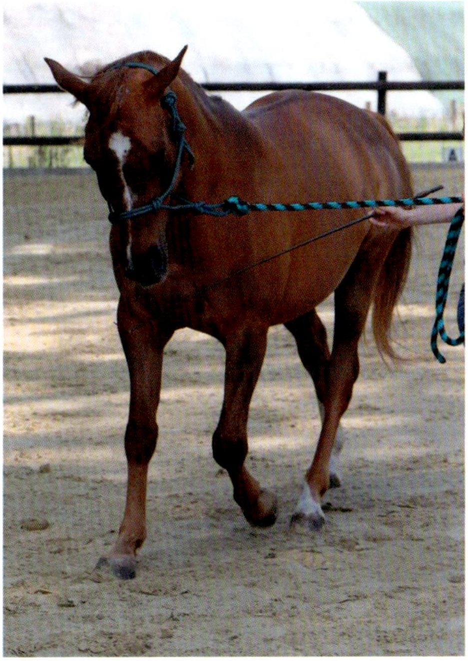

Eine Säule im Horsemanship sind Phasen: Wir bitten das Pferd freundlich, das heißt mit wenig Druck, einem kleinen Signal zu folgen. Passiert nichts, dann verstärken wir den Druck, bis das Pferd reagiert. Fragt man die Verhaltenswissenschaft, fällt diese Vorgehensweise in die Kategorie „negative Verstärkung" – „negativ" ist hier keine Wertung, es bedeutet nicht „schlecht", sondern einfach, dass ein unangenehmer Reiz weggenommen wird, wenn das Tier die gewünschte Reaktion zeigt.

Was ist jetzt der Unterschied zwischen negativer Verstärkung und Strafe? Mich hat das eine ganze Zeit lang beschäftigt, denn, wenn man die Phasen hochfährt, weil keine oder eine unerwünschte Reaktion vom Pferd kommt, kann es knallen. Ist das dann schon eine Strafe? Denn ich will mein Pferd im Training nicht sanktionieren, wenn es etwas nicht versteht und sich nicht auf Anhieb so verhält, wie ich mir das wünsche. Was eine hohe Phase, also die deutliche Aufforderung ans Pferd, von einer Strafe unterscheidet, ist zu allererst die Emotion. Die Strafe geht oft einher mit Wut oder Frust, die ein Ventil suchen. Da langt man schon mal härter zu, wenn man sich vom Pferd provoziert fühlt. Die hohe Phase soll dagegen lediglich eine Konsequenz sein, unemotional übermittelt und im Vorfeld bereits mehrfach angekündigt. Sie überrascht das Pferd nicht, während eine Strafe häufig aus dem Nichts kommt. Zudem ist der Zeitpunkt des Einsatzes ein anderer: Die Strafe erfolgt kurz nach dem unerwünschten Verhalten – das Pferd beißt und dafür haue ich ihm auf die Nase. Die nachdrückliche Aufforderung erfolgt parallel: Das Pferd weigert sich nach links auf den Zirkel zu laufen, also schwinge ich das Seil in Richtung seines Halses (zum Zeitpunkt seines Widerstands) und mache ihm sein Verhalten unangenehm, bis es sich umentscheidet und die andere Richtung ausprobiert. Das alles sind Argumente, für deren Verständnis man schon genau hinschauen muss, da sie ins Detail gehen.

Was für mich den Unterschied zwischen Strafe und dem Einfordern des Gehorsams am deutlichsten beschreibt, ist ein Zitat eines Horseman: "*Offer the horse a place to go*". („Zeige dem Pferd einen Ort, an den es gehen kann, einen Ausweg aus der Situation.") Das heißt, gib ihm die Möglichkeit, eine Lösung zu finden, das Richtige zu tun. Wenn ich das Pferd schlage – als Reaktion auf ein unerwünschtes Verhalten –, dann zeige ich ihm damit keine Verhaltensalternative. Meine hohe Phase dagegen ist immer darauf ausgerichtet, dem Pferd "*the place to go*", die Lösung zu zeigen. Sobald das Pferd ihn gefunden hat, beende ich die starke Einwirkung.

****

Das Pferd kann also aktiv Einfluss auf mein Verhalten nehmen. Strafe ich es dagegen, hat es diese Möglichkeit nicht.

****

Natürlich kann man Haare spalten beim Jonglieren von wissenschaftlichen Definitionen. Auch eine hohe Phase kann bestrafenden Charakter haben, wenn die Absicht dahinter eine solche ist. Der Klarheit willen kommen wir manchmal an deutlichen Ansagen nicht vorbei – das heißt aber nicht, dass wir nicht immer wieder unsere Emotionen dahinter und unsere Einstellung prüfen sollten.

Wenn Strafe nicht funktioniert

Wenn wir ehrlich sind, werden wir uns wahrscheinlich eingestehen müssen, dass wir mit unseren Pferden hin und wieder die Geduld verlieren, emotional werden und sie bestrafen, indem wir sie härter, als nötig mit der Gerte touchieren, sie anschreien oder am Zügel ziehen, wenn sie nicht das Verhalten zeigen, das wir uns wünschen. Der eine hat danach ein schlechtes Gewissen, der andere ist der Meinung, das Pferd habe ihn provoziert und die Strafe verdient. So menschlich es ist, die Beherrschung zu verlieren oder in das Verhalten des Pferdes eine Absicht zu projizieren, die dort nicht vorhanden ist:

****

Strafe bringt uns in der Erziehung des Pferdes nicht weiter.

****

Ohne in verhaltenswissenschaftliche Begrifflichkeiten einsteigen zu wollen: Ich definiere Strafe als Folgeaktion auf ein unerwünschtes Verhalten des Pferdes mit dem Ziel, dieses in Zukunft zu unterbinden. *Warum sie nicht funktioniert?* Zum einen, weil der Mensch das Verhalten, das er abstellen will, immer wieder selbst auslöst.

Fallbeispiel

Bestes Beispiel ist das Beißen beim Satteln. Das Pferd macht uns in der Regel schon von Anfang an deutlich, was es davon hält. Es legt die Ohren an, wenn wir mit dem Sattel ankommen, es schlägt mit Kopf und Schweif, wenn wir den Sattel auf seinen Rücken legen. Und spätestens, wenn wir uns nach dem Gurt bücken und diesen schließen, droht das Tier zu beißen und tut es vielleicht auch. Der Mensch hat bis zu diesem Schritt jede Menge deutlicher Warnsignale bewusst ignoriert. Stattdessen versucht er das Missfallen des Pferdes mit Befehlen wie *„Lass das!“* oder *„Hör jetzt auf damit!“* in den Griff zu kriegen – und wenn das Pferd beißt, dann bekommt es einen Schlag aufs Maul. Kurzfristig führt das meistens zum Erfolg, da das Pferd erst einmal vom Beißen absieht und die Drohungen reduziert. Die heftigste Ausprägung des unerwünschten Verhaltens bleibt damit aus. Statt gefletschter Zähne also „nur“ noch ein schlagender Kopf mit angelegten Ohren und ein peitschender Schweif. Allerdings wird beim nächsten Mal Satteln der Zirkus wieder von vorne losgehen. Letztlich verbietet man dem Pferd mit der Strafe, seine Meinung zum Satteln zu äußern. Denn was sind all die Unarten anderes als ein

Kommentar des Pferdes, dass es unzufrieden ist mit der Situation? Bestraft man es dann noch, führt dies dazu, dass es das Satteln noch mehr hasst als sowieso schon. Das Pferd kann sein negatives Verhalten nicht abstellen, da der Mensch es immer wieder auslöst. Statt es zu sanktionieren, ist man besser beraten, der Ursache des Beißens auf den Grund zu gehen. Das Pferd hat offensichtlich ein Problem beim Satteln – das können Bauchschmerzen sein, möglicherweise passt der Sattel nicht oder der Mensch geht zu schnell vor und zieht den Gurt gleich zu stramm.

Ein weiteres Szenario, das Strafe als wirkungslos zeigt, ist jenes, wenn das Pferd die Sanktionierung nicht mit seinem Verhalten in Verbindung bringt. Wenn es nicht weiß, was es falsch gemacht hat, wofür es zurechtgewiesen wird. So geschehen, als eine aufgeregte Stute ihrer Besitzerin mit der Nase eine Kopfnuss verpasst hat, als sie ihren Kopf plötzlich von links nach rechts gedreht hat. Die Frau hat ihr dafür mit dem Stick einen Schlag auf die Nase verpasst. Dieser Hinweis, dass die Stute aufpassen muss, was sie mit ihrer Nase macht, kam bei ihr aber nicht an. Wohl aber hat die Strafe das Pferd in seiner Einschätzung bestätigt, dass es gefährlich ist, sich an dieser Stelle aufzuhalten und dass seine Aufregung deswegen berechtigt war. Der Fokus der Stute lag nicht auf ihrer Besitzerin und deren Wünschen, sie war besorgt, schaute nach links und rechts ins Gebüsch und hielt Ausschau nach der Herde. Entsprechend war die Kopfnuss dem Zufall geschuldet – wäre die Besitzerin einen halben Meter weiter weg gestanden, hätte der Kopf der Stute sie verfehlt. Sie war zur falschen Zeit am falschen Ort, nämlich in Schlagdistanz ihres Pferdes. Da Kopfdrehen per se keine Unart ist, dieses aber in dem Augenblick bestraft wird, kann das Pferd nicht verstehen, was es falsch gemacht hat. Die Kollision mit der Besitzerin war für die Stute zu jenem Zeitpunkt nicht von Bedeutung.

Wo im ersten Fall Ursachenforschung hilft, um das unerwünschte Verhalten abzustellen – das Beißen beim Satteln –, hilft hier Prävention. Das Pferd muss lernen, den persönlichen Raum des Menschen zu respektieren, und der Mensch muss diesen einfordern und notfalls verteidigen – auch und gerade in Situationen, in denen das Pferd abgelenkt ist. Noch besser: Das Pferd vertraut dem Menschen genug, um sich erst gar nicht aufzuregen. Aber auch dafür ist die zwischen Pferd und Mensch geklärte Raumkontrolle eine Voraussetzung.

Wenn Lob für das Pferd keine Bedeutung hat

Lob ist wichtig, Lob motiviert, Lob bestärkt. In unserem Übereifer das Pferd zu motivieren loben wir aber schnell mal zu viel. Oder in Situationen, in denen wir es nicht tun sollten, etwa, weil wir ein Verhalten honorieren, dass kein Lob (mehr) verdient. Loben ist dabei nicht nur eine Frage des richtigen Timings, also des richtigen Zeitpunktes, sondern hängt auch mit dem emotionalen Zustand des Pferdes zusammen:

Hat das Pferd Angst oder sucht es die Konfrontation, kann unser gut getimtes Lob bedeutungslos verhallen.

Fallbeispiel

Die Halle war frisch gesprenkelt und die Bande voller dunkler Wasserflecken, die dort normalerweise nicht sind. Die Stute, mit der ich an diesem Tag unterwegs war, verspannte sich bereits, bevor wir überhaupt durch die Tür in die Halle getreten waren. Aufgerissene Augen, durchgedrückter Rücken, gestellter Schweif. Wir haben die nächste halbe Stunde nur an ihren Emotionen gearbeitet. Ich habe sie losgeschickt, sie in Bewegung gehalten und es ihr überlassen, wie nah sie an die Flecken herangeht, sie aber immer wieder aufgefordert, es zu versuchen. Wenn sie es nicht mehr ausgehalten hat und die Nähe zu den Flecken zu groß war, haben wir gemeinsam den geordneten Rückzug angetreten und wieder Abstand zwischen uns und die Flecken gebracht. Der Wechsel aus Annähern und wieder Weggehen hat ihr geholfen, sich zu entspannen.

Ich habe sie zwar häufig verbal gelobt, aber das war für die Stute in dieser halben Stunde nicht von Bedeutung. Für sie ging es um viel mehr, als zu gefallen oder eine vom Menschen gestellte Aufgabe zu bewältigen. Für sie ging es ums Überleben. Da ist für Lob kein Platz. Ihr größter Lohn waren Ruhe, Sicherheit und Entspannung, nicht überschwängliche Worte oder Streicheleinheiten meinerseits.

Mit einer anderen Stute habe ich das Gegenteil erlebt: Sie machte nicht, was ich wollte. Statt rückwärts zu weichen, drückte sie mit der Schulter nach vorne. Ich verlangte mehr Abstand, sie versuchte mich mit ihrer Brust wegzuschieben. Ich wollte, dass sie stehen bleibt und mich ansieht, sie lief los und schob sich dabei eng an meiner Schulter vorbei. In dieser Situation ging es nicht darum, die Stute zu motivieren. Hier ging es darum, ihren Respekt zu erhalten. Lob, etwa dafür, dass sie endlich mal ein paar Schritte zurückgewichen und mir Platz und Luft zum Atmen gelassen hat, hätte für sie überhaupt keine Bedeutung gehabt. Zu diesem Zeitpunkt war ich nicht wichtig genug und hatte nicht ausreichend Einfluss auf sie, als dass ich in einer Position gewesen wäre, Lob auszusprechen. Meine Anerkennung wäre für sie nicht erstrebenswert gewesen.

Lob setzt voraus, dass Lobender und Gelobter nicht auf Augenhöhe agieren. Es gibt ein Gefälle von Lehrendem zu Lernendem. Solange ein dominantes Pferd den Menschen als „gleichwertig“ oder sogar „niedriger“ in der Hierarchie einstuft, kann es Lob nicht ernst nehmen – dafür muss es zuerst den Menschen ernst nehmen.

Respekt erhalte ich nicht durch Loben.

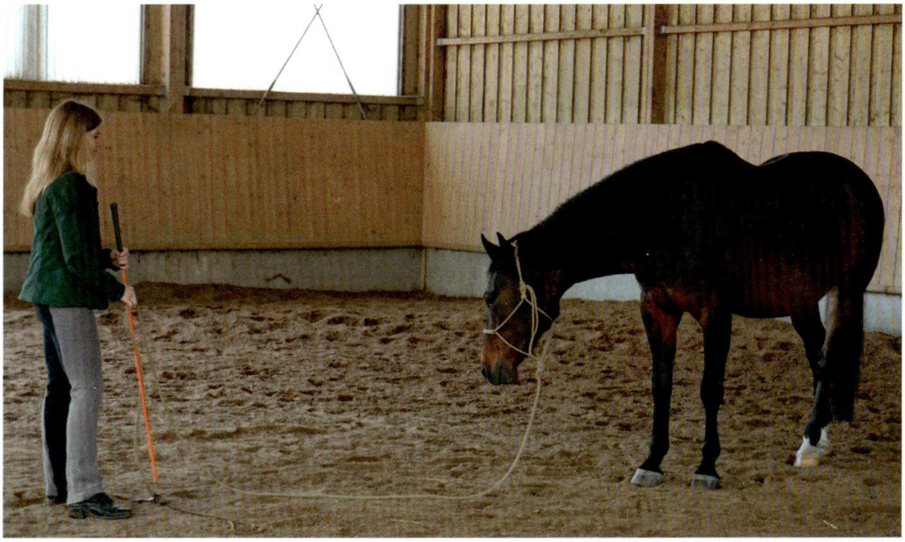

Wir Menschen sind sehr auf Lob und auf Anerkennung fixiert. Ich glaube, dass beides für Pferde eine deutlich geringere Rolle spielt, als wir allgemein annehmen. Wenn es um Sicherheit oder um Respekt geht, bestärke ich das Pferd mit Pausen und Ruhe darin, dass es auf dem richtigen Weg ist. Akzeptiert das Pferd mich und die Regeln, dann erst rückt für mich die Motivation in den Vordergrund. Dann erst ist der Zeitpunkt da, um über Lob nachzudenken.

Raumfragen

Manchen Pferden sind bestimmte Orte unheimlich. Sie springen just in der einen Ecke immer wieder zur Seite oder gehen an genau diesem einen Holzstapel einfach nicht entspannt vorbei. Andere werden vom Hallentor oder dem Eingang des Platzes magnetisch angezogen. Gerade, wenn wir in der Halle oder auf dem Platz unterwegs sind, also einem begrenzten Areal, kommen wir an diesen Stellen, die für das Pferd eine besondere Bedeutung haben, wiederholt vorbei. Und auch wenn uns die Reaktion unseres Pferdes auf die Nerven geht, gibt uns das die Gelegenheit, sie genauer zu analysieren.

Häufig beeinflussen diese vom Pferd als besonders auserkorenen Orte sein Verhalten nicht nur, wenn es sich gerade dort befindet. Sie können eine regelrechte Aura entwickeln, die sich über die gesamte Länge der Halle ausdehnt und das Verhalten des Pferdes beeinflussen, obwohl es sich gerade in der entferntesten Ecke bewegt. Und so geht es nicht nur um diesen besonderen Ort in der Halle oder auf dem Platz, sondern auch um den Weg, der dorthin beziehungsweise von dort wegführt. Das mag jetzt erst einmal ziemlich selbstverständlich klingen. Hat sich das Pferd erstmal auf das Tor eingeschossen, erhöht es die Geschwindigkeit, wenn es in Richtung Tor geht und wird zäher und langsamer, sobald es daran vorbei soll. Für die gefährliche Ecke gilt das Umgekehrte: In die Ecke hinein verlangsamt das Pferd seine Schritte mehr und mehr, aus der Ecke hinaus beschleunigt es. Es will möglichst schnell viel Abstand zwischen sich und die Ecke bringen.

In beiden Fällen wird der Gehorsam auf die Reiterhilfen von dem Bedürfnis überlagert den Ort zu wechseln. Das Pferd ist im Kopf schon ganz woanders. Es empfiehlt sich von daher die Stellen zu kennen, die dem Pferd Probleme bereiten und jene, an denen es sich gern aufhält. Wir unterschätzen nämlich gern die Wirkung dieser Orte auf das Pferd.

Fallbeispiel

Der Friese gruselte sich eine Zeit lang vor der hinteren, dunkelsten Hallenecke. Das machte sich sogar dann bemerkbar, wenn er auf dem vorderen Zirkel gearbeitet wurde. Je nachdem, wo er sich gerade auf dem Zirkel im Verhältnis zur Ecke befand, veränderte er Tempo und Stellung, verwarf sich im Genick oder fiel auf die Vorhand: In Richtung Ecke wurde er langsamer, auf Höhe der Ecke gab er Gas, verwarf sich im Genick und zog Richtung Ausgang. Kaum hatte er den passiert, lief er flüssig und weich, aber mit der Kurve Richtung gefährliche Ecke war die Steifheit wieder da. In diesem Fall bringt es wenig an korrekter Stellung, Biegung und gleichmäßigem Tempo zu arbeiten, da das Pferd emotional viel zu sehr mit dieser (nach unserem Verständnis weit entfernten) Ecke beschäftigt ist. Stattdessen haben wir uns intensiv mit der Ecke beschäftigt, sind in Freiarbeit dort hin marschiert, haben viel Zeit dort verbracht. Mit abnehmender Skepsis wurden auch seine Kreise auf dem vorderen Zirkel runder und runder.
Eine Stute dagegen klebt am Tor und möchte davon nicht mehr weg. Das führt dazu, dass sie auf dem Zirkel am Tor vorbei geht, nach wenigen Metern aber stehenbleibt und sich weigert weiterzulaufen. Setzt man sich durch, schneidet sie den Kreis und gibt Gas, um möglichst schnell wieder in die sichere und bequeme Zone am Tor zu kommen. Auch in diesem Fall kann man natürlich daran arbeiten, dass sich die Stute ordentlich auf den Kreisbogen schicken lässt und diesen auch nicht abkürzt. Das eigentliche Problem liegt aber in ihrer Vorliebe für das Tor beziehungsweise die Freiheit dahinter. Unsere Aufgabe liegt folglich darin, ihr den Aufenthalt in anderen Teilen der Halle so angenehm wie möglich zu machen und ihr die Vorliebe fürs Tor zu verleiden, indem wir sie in seiner Nähe vermehrt arbeiten lassen.

Was würde mein Pferd tun, wenn ich nicht da wäre? Wo würde es sich aufhalten? **Diese Fragen helfen Verhaltensmuster offenzulegen und herauszufinden, welche Neigungen mein Pferd hat, ohne von mir beeinflusst zu sein.**

"Try in a horse"

Wie schnell sucht ein Pferd nach Lösungen? Amerikanische Horsemen sprechen von *"try in a horse"* – diese Bereitschaft gehört mit zu den wichtigsten Eigenschaften eines Pferdes. Denn sie bestimmt, wie leicht oder wie schwer es zu trainieren sein wird. Diese Eigenschaft tritt immer dann zutage, wenn wir dem Pferd eine Aufgabe stellen, eine Form von Druck aufbauen und auf die richtige Reaktion warten.

Manche Pferde haben von Natur aus weniger *"try"*, weil sie dickfelliger sind und diverse Reize gelassen wegstecken. Es bedarf mehr, um aus diesen Charakteren eine Reaktion hervorzulocken oder sie dazu zu bewegen, sich anzustrengen und etwas auszuprobieren. Einfach, weil das Pferd sich trotz unserer Einwirkung wohl genug fühlt und nicht die Notwendigkeit sieht etwas zu verändern. Es sitzt die Situation lieber aus und wartet ab.

Sensiblere Pferde dagegen sind empfänglicher für Reize diverser Art. Es bedarf nicht viel, um sie dazu zu veranlassen nach neuen Optionen zu forschen, da schon wenig Druck von unserer Seite den Komfort des Pferdes so deutlich verringert, dass es seine Situation verbessern möchte.

Und dann gibt es noch jene Pferde, die aufgehört haben zu versuchen. Ihre Bereitschaft, sich auf die Kommunikation mit Menschen einzulassen ist zu oft ausgenutzt und missbraucht worden. Sie haben das Vertrauen in sich und in den Menschen verloren; glauben nicht mehr daran, dass sie eigenständig Lösungen finden können, die den Menschen zufrieden stellen, weil schlechtes Training ihnen zu oft keinen Ausweg geboten, ihre Fragen unbeantwortet und ihre Versuche unbelohnt gelassen hat. Einer der Kernsätze des amerikanischen Horsemanship – *"reward the slightest try"* („belohne den kleinsten Versuch") – ist bei der Arbeit mit diesen Tieren besonders wichtig.

Wir müssen das Pferd für jede Initiative, für jeden Funken aktiven Mitdenkens bestärken, auch wenn sie zunächst nicht unseren Vorstellungen entsprechen, um ihm Motivation zurückzugeben wieder mit uns zu kooperieren. Hier geht es nicht um Gehorsam oder Ungehorsam, hier geht es darum, erst einmal wieder eine Kommunikation aufzubauen, die mehr als ein Monolog seitens des Menschen ist.

Praxistipp

Eine sehr gute Übung, um ein Pferd mit geringer bis getöteter Initiative aufzuwecken, ist folgende: Man bietet ihm verschiedene Objekte an und fordert es auf, diese zu erkunden. Das können Regenschirme, Stangen, Pylonen, Planen oder Bälle sein. Alles, was verletzungssicher ist, sich von der normalen Umgebung unterscheidet, um vom Pferd wahrgenommen zu werden, und genug Anlass zum Erkunden bietet. Anfangs eignen sich größere Objekte, für die das Pferd den Kopf nicht zu tief senken muss – dazu sind viele Pferde oft noch nicht bereit. Manchen ist die Idee, sich mit einem Objekt auseinanderzusetzen, es mit der Nase zu berühren oder mit dem Huf oder sogar dem Bein anzuschieben völlig fremd. Das Schöne bei dieser Interaktion: Das Pferd kann keinen Fehler machen. Sie fordern es mit etwas Zug am Seil in Richtung des Objekts und eventuell mit einem unterstützenden Schwingen der Peitsche auf, sich zu nähern. Steht das Pferd in Reichweite, wiederholen Sie die Hilfe, sodass das Pferd, gehorcht es, körperlichen Kontakt herstellen kann. Will es das nicht, verstärken Sie nicht den Druck. In dieser Phase machen wir dem Pferd Angebote – es steht ihm frei, sich darauf einzulassen. Manche in sich gekehrten Tiere können die Objekte nicht einmal anschauen. Unsere Erwartungshaltung übt schon zu großen Druck aus. Lassen Sie dem Tier die Wahl, wie nahe es dem Schirm oder dem Ball (oder, womit Sie gerade arbeiten) kommen will. Seien Sie geduldig, verbringen Sie einfach Zeit mit dem Tier in der Nähe des Objekts. Vielleicht wird das Pferd doch einen Seitenblick wagen. Oder es nähert sich ihm an. Erwarten Sie nicht zu viel.

Sie können das Pferd auch jederzeit zu einem anderen Objekt schicken, wenn Sie den Eindruck haben, dass es festhängt und überfordert ist. Nur tun Sie das nicht anklagend („*das Pferd hat es nicht kapiert*"), sondern präsentieren Sie ihm einfach eine Alternative. Wichtig ist auch, dass Sie das Tier nicht zu den Objekten führen, sondern es hinschicken. Sie stehen mit Abstand zum Pferd und schicken es, als würden Sie es auf einen Zirkel zum Longieren heraus senden. Nur wenn es nicht geführt wird, erhalten Sie ein genaues Feedback über das Selbstvertrauen des Pferdes und seine Fähigkeit, sich eigenständig einem unbekannten Ding anzunähern. Folgt es einfach nur seinem Menschen, muss es dabei nicht aktiv denken und auch keine eigenen Entscheidungen treffen.

Freuen Sie sich mit Ihrem Pferd über erste Erkundungsversuche. Bestätigen Sie diese, indem Sie allen Druck aussetzen und je nach Vorliebe des Tieres loben, wird das Pferd an Selbstvertrauen gewinnen und beginnen auszuprobieren. Es ist ein Fest zu sehen, wie diese Tiere langsam aus ihrer Schale herauskommen – und wie Kommunikation entsteht. Denn die Pferde versichern sich mit Blicken und aufgestellten Ohren in Richtung Mensch, ob sie auf dem richtigen Weg sind, und überprüfen die Reaktion ihres Zweibeiners auf ihr Angebot. Und schon stecken Sie mittendrin im Dialog mit einem Pferd, das ursprünglich überhaupt nichts mehr mitzuteilen hatte.

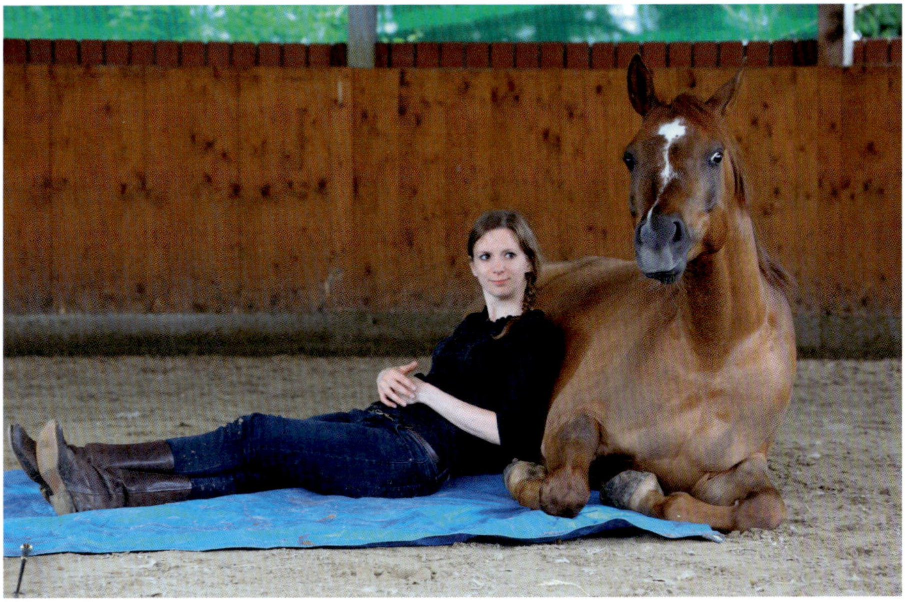

Ein korrekt durchgeführtes Gewöhnungstraining – mit Zeit, Geduld und Ruhe – führt letztlich zu einem Pferd, das viel Vertrauen in die Entscheidungskompetenz des Menschen entwickelt. Das selbstständigen Erkunden unbekannter Objekte und die Erfahrung, dass es unbeschadet bleibt, stärken das eigene Selbst- und Weltvertrauen. Die Motivation, sich auf Neues einzulassen steigt erheblich.

Pferdetraining: Mentale Balance

Ob eine Lektion bei der Bodenarbeit gelingt oder nicht, hängt nicht nur von unseren Hilfen ab, sondern auch davon, in welche Richtung das Pferd denkt: Innenstellung auf dem Zirkel klappt nicht, wenn das Pferd von uns wegdenkt, denn dann wird es den Kopf nach außen drehen und tendenziell mit der Schulter nach innen fallen. Auf der anderen Seite werden wir unseren persönlichen Raum regelrecht verteidigen müssen, wenn das Pferd zu sehr in unsere Richtung denkt und uns dadurch körperlich bedrängt. In beiden Fällen fehlt dem Geist des Pferdes die Balance – und damit auch seinem Körper. Es sucht die Lösung einer Aufgabe, mehr Komfort oder Sicherheit, im Extrem – es driftet dabei entweder weit weg von uns oder kommt uns viel zu nah.

Genau wie wir ein richtiges Verhalten bestärken können,
können wir auch die richtigen Gedanken bestärken.

Das ist sogar noch deutlich sinnvoller, weil wir dann mit dem Kopf statt mit dem Körper des Pferdes arbeiten. Wenn ich zum Beispiel laterale Flexion im Hals vom Pferd möchte, nehme ich einen Zügel an. Gebe ich dann sofort nach, wenn das Pferd nachgibt, bringe ich dem Pferd nur bei, einfach kurz den Hals zu flexen. Das verfehlt den Zweck der Übung. Natürlich möchte ich ein Pferd, das weich und biegsam im Hals ist und dem Gefühl der

Zügel folgt. Die laterale Flexion hat aber auch den Sinn das Pferd ins Jetzt zu holen. Es soll weich nachgeben und die Biegung mehrere Sekunden halten können, ohne gleich den Kopf wieder nach vorne zu bringen. Hält das Pferd den Kopf in der Biegung, ohne dass ich ihn (fest)halten muss, schauen seine Augen in meine Richtung, zeigt sein Ohr auf mich – dann weiß ich, dass ich das Pferd auch gedanklich bei mir habe, nicht nur körperlich. Diese Gedanken und wie ich sie beeinflusse, wirken sich nicht nur auf die Arbeit mit dem Pferd im Moment aus, sondern auch auf die kommenden Lektionen. Die Richtung, in die ein Pferd denkt, wird besonders bei der Freiarbeit deutlich.

Fallbeispiel

Wir haben ein Pferd frei gearbeitet. Der Wallach lief um seinen Menschen herum im Trab und im Galopp. Er sollte lernen Abstand zu halten und auf Kommando schneller zu werden. Außerdem sollte er sich auf die Körpersprache des Menschen hin von der Bande weg hereinziehen lassen und dann auf ein Signal in einer kleinen Volte die Richtung wechseln. Das Pferd mag Menschen und fand es anfangs nicht schlüssig, auf Abstand außen herum zu gehen. Stattdessen trabte es in einer großen Volte um seinen Menschen herum. Seine Gedanken waren stark nach innen gerichtet und er suchte die Lösung in der Nähe des Menschen. Um ihm zu erklären, dass es uns zunächst einmal um mehr Abstand ging, haben wir ihn energisch auf den Hufschlag herausgeschickt. Das hatte zur Folge, dass die Gedanken des Pferdes in die entgegengesetzte Richtung umschwenkten: Statt herein dachte es nun nur noch nach außen – mit dem Ergebnis, dass sich das Hereinziehen nun schwierig gestaltete. Wir belohnten die kleinsten Versuche, etwa einen vorsichtigen Blick nach innen, und daraus entwickelten sich dann ein Abwenden von der Bande und mehrere Schritte nach innen Richtung Mensch. Doch kaum hatten wir dem Pferd das Hereinkommen schmackhaft gemacht, mussten wir schon wieder darauf achten, die Waagschale nicht zu sehr in diese Richtung kippen zu lassen: Denn mit dem verstärkten Wunsch zu uns in die Mitte zu kommen, ging für uns erneut die Schwierigkeit einher ihn wieder herauszuschicken. Wenn wir das Tier also in einem Gedankengang (hereinkommen) bestärken, wird es sich schwer damit tun, direkt danach den gegenteiligen Gedanken (rausgehen) anzubieten und auszuführen. Die Wiederholung von beiden bringt es schließlich in die Balance: Wenn das Pferd beide Optionen kennt und willig ist, macht es sich bereit beide auszuführen. Sie sind dann gleich beliebt – und wo keine Vorliebe für die eine ist, ist auch keine Abneigung mehr für die andere.

Die „mentale Balance“ ist bei Mensch und Pferd gleichermaßen entscheidend, wenn man sich entgegenkommen und effektiv miteinander kommunizieren möchte.

Wer glaubt, dass ein Pferd von sich aus immer gern mit dem Menschen mitarbeitet, spricht dem Pferd indirekt einen eigenen Willen ab.

4

Typisch Mensch

Wenn Aussagen häufig genug wiederholt werden, setzt man sich irgendwann nicht mehr mit ihrem Inhalt auseinander, weil man sie einfach zu oft gehört hat. „*Dein Pferd ist dein Spiegel*" gehört dazu. Das wurde schon so oft auf- und angeführt, dass man seine Ohren auf Durchzug stellt und es mental mit einem „Ja, ja" abnickt. Ich kenne einige Leute, die ihrem eigenen Pferd eher abwertend begegnen mit Charakterisierungen wie „*Der ist unsensibel*" oder „*Der büffelt beim Führen*" oder „*Der hat eine lange Leitung*". Als meist diplomatischer Mensch kommentiere ich das nicht weiter. Aber auf der Zunge liegt mir Folgendes: „*Der ist unsensibel, weil du derb bist.*" „*Der büffelt, weil er keine Veranlassung sieht, sich an dir zu orientieren.*" „*Der hat eine lange Leitung, weil du dich nicht klar verständlich machst.*"

Wie wir schlechte Eigenschaften antrainieren

Jedes Pferd kann immer nur so gut sein, wie der Mensch, mit dem es Umgang hat. Es ist unsere Verantwortung, unser Pferd so zu formen, wie wir es gerne hätten.

Wenn wir uns über die Fehler unseres Pferdes aufregen, können wir in vielen Fällen direkt uns selbst mitkritisieren.

Beispiel unsensibles Pferd: Das Tier kann nur fein reagieren, wenn wir entsprechend fein fragen. Wie können wir vom Pferd eine subtile Antwort erwarten, wenn wir selbst mit der Frage wie mit einer Tür ins Haus fallen?

Beispiel büffelndes Pferd: Wenn wir dem Tier nicht beibringen Abstand zu halten und wie es auf Zug am Seil oder Halfter zu reagieren hat, dann wird es ewig mit Gegendruck auf Druck reagieren, uns mit der Schulter wegschieben und im schlechtesten Fall in uns hineinspringen, wenn es sich erschreckt.

Beispiel Pferd „mit langer Leitung": Wenn wir dem Pferd keine Zeit geben und uns nicht auf seine Lernbedürfnisse einstellen, dann bleiben wir im Missverstehen stecken und das Pferd wird nie verstehen, was wir von ihm wollen – was für Mensch und Tier frustrierend ist.

Bevor wir unseren Pferden also negative Charakterzüge zuschreiben, sollten wir uns fragen, ob wir da nicht ein Verhalten kritisieren, das wir ihm selbst beigebracht haben.

Wer sich direkt mit ganzem Gewicht ins Pferd lehnt, weil er es beispielsweise auf der Stallgasse zur Seite schieben will, um ein anderes Pferd durchzulassen, der darf sich nicht wundern, wenn sein Pferd am Boden festgewachsen scheint, statt elegant auszuweichen.

Kommt hoher Druck aus dem Nichts, erzeugt er sofortigen Gegendruck. Nicht nur, dass er nicht effektiv ist – er ist dem Pferd gegenüber auch sehr unhöflich.

Wenn man sich also ärgert, dass das Pferd stumpf ist und nicht willig reagiert, sollte man zuerst sein eigenes Verhalten und Vorgehen überprüfen – und die eigene Einstellung. Da halten uns Pferde wirklich einen Spiegel vor die Nase.

Wenn unsere Bequemlichkeit dazwischenfunkt

Es gibt Angewohnheiten, die haben wir liebgewonnen. Wir füttern gern aus der Hand zur Begrüßung, weil das Pferd dann immer schön antrabt, wenn es uns sieht. Wir sind auch richtig gut darin geworden, seinen Zwickversuchen auszuweichen. Auf dem Weg zum Stall pausieren wir mit dem Pferd am auserwählten Grasbüschel oder lassen es Äpfel suchen, schließlich haben wir Zeit. Da lassen wir uns auch mal am Strick zum nächsten Grünstreifen ziehen. In Box und Stallgasse turnen wir elegant um das Pferd herum, damit es in Ruhe seinen Hafer fressen kann. Außerdem geht es so schneller, denn bis wir das Pferd neu platziert haben, wenn es so abgelenkt ist, das dauert. Und dann wollen wir aufsteigen und wundern uns, warum das Pferd – so brav bisher – einfach losmarschiert, wenn wir mit dem Fuß im Bügel hängen oder versucht uns ins Bein zu beißen. Dann haben wir es in den Sattel geschafft und ärgern uns, dass es uns trotz angenommener Zügel über die Schulter wegläuft, und zwar in Richtung Stall. Wir finden es auch nicht mehr witzig, wenn es ohne unser Zutun die Geschwindigkeit erhöht, weil es gerade die Notwendigkeit dafür verspürt.

Wenn das Verhalten des Pferdes so eskaliert, dass es uns echte Probleme bereitet, dann wollen wir das verhindern oder beheben. Aber all die kleinen Begebenheiten, die dazu beigetragen haben, dass das Pferd überhaupt ins Extrem kippen konnte, die haben wir willentlich ignoriert beziehungsweise zugelassen. Manchmal sehen wir die Zusammenhänge nicht, manchmal wollen wir sie nicht sehen.
Für das Pferd ist es schwierig zu begreifen, warum wir manchmal nachlässig sind und es freie Entscheidungen treffen kann – oder muss, weil wir nicht zur Stelle sind, um sie ihm abzunehmen. Und im anderen Fall verlangen wir dann wieder die volle Kontrolle, was das Pferd nicht begeistert, wenn es in dieser Situation gerade andere Prioritäten hat. *Wieso soll es uns ausgerechnet jetzt Folge leisten, obwohl wir sonst darauf doch auch nicht immer Wert legen?*

Unsere Bequemlichkeit und unser fehlender Wille, konsequent zu sein und zu unserem Wort zu stehen, machen uns zu einem wankelmütigen Partner für das Pferd.

Das kann gut gehen, setzt aber eine große Toleranz unserer Pferde voraus – schließlich erwarten wir indirekt, dass das Pferd in unserem Sinne handelt und seine eigenen Interessen den unsrigen unterordnen wird. Und zwar nicht, weil wir es mit Argumenten davon überzeugt haben, dass wir gute Anführer sind und es uns bedenkenlos folgen kann. Stattdessen hoffen wir auf den guten Willen des Pferdes uns zu gehorchen und mitzumachen – und haben ihm im Gegenzug außer Unentschlossenheit und Inkonsequenz rein gar nichts anzubieten. Manche Pferde lassen sich tatsächlich auf diesen Deal ein. Aber es bleibt ein wackeliges Bündnis mit unausgesprochenen Vertragsdetails. Ungeeignet, um eine echte Beziehung darauf aufzubauen.

Vom Aussitzen

Sind Sie ein unsicherer Reiter? Bewundern Sie diese tollkühnen Typen, die sich ohne Sattel auf den Pferderücken schwingen, um im Wald Wettrennen zu reiten? Oder Reiter, die – ohne zu zögern – aus waghalsigen Winkeln hohe Sprünge anreiten und sie dennoch souverän meistern? Sie würden das auch gerne können, wissen aber, dass Sie sich das nie zutrauen werden? Die gute Nachricht: Sehr mutige und sattelfeste Reiter sind nicht immer optimal fürs Pferd. Der sattelfeste Reiter sitzt nahezu alles, was ihm sein Pferd an Bocksprüngen und Scheumanövern bietet. Das Pferd steigt, springt weg oder will im Jagdgalopp davon stürmen? Kein Thema! Der Reiter klebt auf

seinem Rücken und sitzt die Aktionen seines Pferdes einfach aus. Er sitzt am längeren Hebel (das kann vielleicht auch der Anzug eines Gebisses sein). Und genau dort liegt das Problem: Da der Reiter diverse Unarten problemlos händeln kann, besteht für ihn nicht die Notwendigkeit sie abzustellen. Er kann sie hinnehmen, darüber hinwegsehen (oder reiten) und zum Tagesprogramm übergehen. Er hat es nicht nötig, nach Ursachen zu forschen, weil er mit den Symptomen, den Auswüchsen des Pferdeverhaltens gut umgehen kann.
Was bedeutet das jetzt für das Pferd? Es bleibt mit seinen Problemen allein, da der Mensch nicht versucht, ihm zu helfen. Das Pferd wird immer wieder in Situationen gebracht, die es überfordern und hindurchgedrückt. Es überlebt, aber es lernt nichts daraus. Es bleibt in Angst und Unwissen stecken, weil der Reiter keinen Handlungsbedarf sieht – schließlich hat er die Situation immer gut im Griff. So beeindruckend seine Fähigkeiten sein mögen, sich auf dem Pferderücken zu halten, so verkümmert ist sein Gespür für das Pferd und dessen Bedürfnisse.

Ein mutiger Reiter macht noch lange kein mutiges Pferd.

Sattelfeste Reiter überfordern und übergehen ihre Pferde eher, als es weniger sattelfeste tun. Aus dem einfachen Grund, dass sich Letztere genau überlegen müssen, welchen Situationen sie sich aussetzen und welche sie lieber vermeiden, weil sie sie nicht unter Kontrolle behalten können. Der Angsthase geht entsprechend gut vorbereitet an die Sache heran – und das gilt auch für sein Pferd. Er will böse Überraschungen vermeiden. Hat sein Pferd Probleme, macht er sich auf die Suche nach der Ursache und versucht diese zu beheben. Weil er weiß, dass er einem steigenden, bockenden oder sonst wie explodierenden Pferd reiterlich nicht gewachsen sein wird.

Unabhängig von unseren reiterlichen Fähigkeiten sollte das unser Ziel sein: Sich nicht damit abzufinden, dass ein Pferd in manchen Situationen „spinnt", sondern zu hinterfragen, warum es das tut (und beim Hinterfragen sein eigenes Verhalten nicht ausklammern). Kein Pferd zeigt Unarten ohne Grund. Wir können es aus dem Zustand der Angst, Verwirrung – und manchmal auch Unterdrückung – befreien und ihm Sicherheit geben, wenn wir es denn wollen.

Von falschen Vermutungen und Vorurteilen

Eine der wichtigsten Lektionen, die ich von Pferden gelernt habe, ist, keine Vermutungen anzustellen und Vorurteile aufzubauen, sondern das zu beurteilen und mit dem zu arbeiten, was man vor sich hat – nicht das, was man denkt vor sich zu haben. Pat Parelli lehrt den Satz "*don't make assumptions*" („Stell keine Vermutungen an"). Er gilt für Mensch und Pferd gleichermaßen. Das Pferd soll zum Beispiel warten, bis es ein Signal vom Reiter erhält und nicht vorwegnehmen, was es glaubt tun zu müssen. Der Mensch auf der anderen Seite soll die Lektionen so aufbauen, dass das Pferd nicht zu Annahmen verleitet wird. Und ebenso soll auch der Mensch keine Vermutungen anstellen, sondern auf das reagieren, was er vorfindet – und notfalls seine Ziele hintenanstellen.

Ein Beispiel für eine Vermutung des Pferdes ist das Aufsteigen: Das Pferd weiß, dass es losgeht, sobald der Reiter oben sitzt. Das kann dazu führen, dass es schon beginnt zu laufen, wenn der Mensch erst halb im Sattel sitzt.

Verändern kann man das frühzeitige Loslaufen des Pferdes, indem man nach dem Aufsitzen nicht sofort losreitet, sondern ein paar Augenblicke wartet. Damit das Pferd auch das Warten nicht vorwegnimmt, kann der Reiter die Zeitspanne variieren.

Optional kann man auch etwas anderes als ein Vorwärts fordern: ein paar Schritte rückwärts, Flexion im Hals oder eine Wendung um die Hinterhand oder die Vorhand. So lernt das Pferd, dass nach dem Aufsitzen immer etwas anderes passiert. Es wird dann eher auf seinen Reiter warten und den Gehorsam nicht vorausnehmen.

Beispiele für (falsche) Vermutungen des Menschen sind folgende: Die Erwartung, dass sich ein schweres Pferd wie ein Kaltblut oder ein als faul deklariertes nur mit viel Druck bewegen lässt. Nehmen wir das so hin und hinterfragen die Einschätzung nicht, führt das dazu, dass wir gleich sehr körperlich und mit viel Druck einsteigen, wenn wir etwas von dem Tier wollen, da es auf wenig sowieso nicht reagieren wird. Das bringt folgende Probleme mit sich: Wir nehmen uns die Möglichkeit, den Druck verstärken zu können, was notwendig sein könnte, um effektiv zu sein. Wir steigen also schreiend in die Kommunikation ein – was kann da noch folgen? Zusätzlich geben wir dem Pferd erst gar nicht die Chance, auf wenig zu reagieren. Damit nehmen wir ihm die Gelegenheit, sich zu verbessern.

Wenn wir nicht freundlich fragen,
erhalten wir auch keine freundliche Antwort.

Wir arbeiten also von Anfang an gegen unsere ursprüngliche Intention – das Pferd sensibler für Kommandos zu machen – und haben das Training so aufgebaut, dass wir beide, Pferd und Mensch, nur scheitern können.

Fallbeispiel

Eines meiner Projektpferde blieb auf dem Weg zur Halle gern mal stehen, in der Regel an einer bestimmten Stelle. Ich habe mich so auf sein Verhalten ein- und damit Vermutungen angestellt, dass er mich an einem Tag mit einer neuen Variante aus dem Konzept gebracht hat: Zum einen blieb er zweimal stehen. Das erste Mal hat mich überrascht, da ich erwartet habe, dass er eben nicht an dieser Stelle parkt, sondern an der anderen, wo er es sonst immer tut. Zum anderen: Als er das zweite Mal stehenblieb, war das nicht aus seiner Haltung heraus, lieber nicht in die Halle zu gehen. Stattdessen hatte er dieses Mal tatsächlich etwas entdeckt, was ihm nicht geheuer war. Seine Reaktion fiel zwar aus wie immer – er blieb stehen –, aber der Grund war dieses Mal ein anderer. Hätte ich nicht genau hingesehen und hätte ich mich von meiner Erwartung blenden lassen, hätte ich die Situation völlig falsch eingeschätzt.

Ich habe eine alte Stute betreut mit der Vorgabe, sie etwas in Schwung zu bringen und zu gymnastizieren. Ich war so fokussiert darauf, dass ich direkt damit angefangen habe, ohne erstmal zu beobachten, wo die Stute emotional und mental steht und wie ich sie am besten abholen kann. Weil sie ein ehemaliges Schulpferd war, das schon viel gesehen hat, nahm ich zusätzlich an, dass sie gelassen und brav sein würde. Entsprechend frustriert war ich in unserer ersten Einheit, in der nahezu nichts so funktionierte, wie ich es mir vorgestellt hatte. Anschließend habe ich das Pferd, das mich mit großen skeptischen Augen beobachtete, losgemacht, mich in eine Ecke gesetzt und überlegt, was auf Erden ich tun könnte, um einen Draht zu der Stute herzustellen. Heute weiß ich, dass sie Angst hatte, was ich mir als nächstes einfallen lassen würde – Angst davor, wieder überfordert zu werden und die Lösung nicht finden zu können. Die Stute war überhaupt nicht in der Lage, irgendeine Form von präzisen Manövern am Boden auszuführen, weil ich sie mit meinen Aufforderungen verwirrt und verängstigt habe. Ich wollte zu schnell zu viel. Mein Vorgehen für die nächsten Einheiten war dann, gar nichts mehr zu wollen, sondern der Stute nur noch Angebote zu machen und ihr die Wahl zu lassen. Sie hat in ihrem Leben wahrscheinlich mehr als ihren Anteil von hohem und zu hohem Druck erlebt, aber nie verstanden, wie sie damit umgehen soll und was von ihr verlangt wird. Sie hatte aufgehört nach einer Lösung zu suchen. Auf meine Angebote konnte sie zumindest teilweise eingehen und wir haben am Ende zu einer Kommunikation gefunden. Nicht sie hat sich dabei verändern müssen, sondern ich meine Herangehensweise. Dieses Pferd hat mir in seiner Hilflosigkeit und seinem Willen zu gefallen deutlich gezeigt, wie wichtig es ist, dass wir Menschen hinschauen und hinfühlen. Wir sollten den Standort des Pferdes bestimmen und von dort aus arbeiten – nicht von unserem eigenen.

Mein Projektwallach bleibt sofort stehen, sobald man die Beine aus den Bügeln nimmt. Wir haben ihm das nicht beigebracht. Sein Verhalten gründet stattdessen auf einer Vermutung: Wenn ich absteigen will, dann halte ich ihn an, nehme die Füße aus den Bügeln und schwinge mich aus dem Sattel. Weil ich das immer so mache, hat er gelernt, dass „Beine aus den Bügeln" dem Absteigen vorausgeht. Und zum Absteigen soll er stehenbleiben. So hat er Beine aus den Bügeln mit dem Absteigen verknüpft und nimmt prompt das dazugehörige Stehenbleiben voraus.

Das Problem hinter dem Problem

Wir Menschen sind Symptombekämpfer: Das Pferd will beim Aufsteigen nicht stehen bleiben? Also holen wir uns jemanden, der es für uns festhält. Das Pferd geht im Gelände gern mal durch? Also schnallen wir ihm ein schärferes Gebiss ins Maul. Wir lösen damit nicht die Probleme des Pferdes, wir maskieren sie, indem wir die Symptome abstellen.
Warum kann das Pferd nicht stillstehen oder galoppiert im Wald mit uns davon? Diese Fragen stellen wir uns nicht und entsprechend bleibt die Ursache erst einmal im Dunkeln. Häufig ist es auch bequemer, nicht aufwendig nach dem Grund für ein gewisses Pferdeverhalten zu suchen, sondern es einfach (mit Zwang) zu unterbinden. Wir vergessen darüber allerdings, dass sich das Problem des Pferdes dann auf eine andere Art Bahn brechen wird: Das Pferd, das beim Aufsteigen nicht stillstehen kann, wird statt vorwärts vielleicht rückwärtslaufen, sich losreißen oder sich weigern, an den Block zu treten. Und der Durchgänger wird bald die nächst schärfere Gebissvariante brauchen, um händelbar zu bleiben.

Dabei können wir unser Leben und das des Pferdes erleichtern, wenn wir nach der Ursache des Fehlverhaltens forschen und diese abstellen.

Warum entzieht sich das Pferd beim Aufsteigen? Vielleicht hat es schlechte Erfahrungen gemacht, der Reiter hat es aus dem Gleichgewicht gebracht, ihm die Stiefelspitzen in die Rippen gebohrt und gleichzeitig mit den Zügeln im Maul gerissen. Oder es hat gelernt, dass immer dann, wenn es sich bewegt, der Reiter vom Aufsteigen absieht – und wählt auch künftig die bequemere Variante des Ausweichens. Oder der Mensch hat es nicht gründlich genug auf das Aufsteigen vorbereitet: Wenn das Pferd schon beim Satteln und Gurten zappelt, wird es das auch tun, wenn der Reiter versucht auf seinen Rücken zu klettern. Manchmal muss man noch tiefer graben und findet die Antwort, wo man sie am wenigsten vermutet hätte: Vielleicht hat das Pferd schon Probleme mit dem Stillstehen beim Putzen und muss generell seine Beine in Bewegung halten, um sich wohlzufühlen. Nur beim Aufsteigen wird dieses Verhalten so schwierig, dass der Mensch es nicht mehr ignorieren kann. Und so bemerkt er ein Problem erst spät, das schon viel früher und an anderer Stelle aufgetreten ist.

Beim Durchgänger im Wald wird es ähnlich sein: Erst wenn der Mensch auf dem fliehenden Pferd davonrast, entsteht das Bedürfnis das in Zukunft zu verhindern. Dass das Pferd bereits vorher in der Halle nicht besonders rittig war, auf das Gebiss mit Kopfschlagen reagierte und die Paraden eher Verhandlungsmasse statt präzises Anhalten darstellten, darüber sah man großzügig hinweg.

Wenn wir also Ursachenforschung betreiben, führt uns diese häufig weg vom eigentlichen Problem hin zu Lücken in der Grundausbildung des Pferdes. Wissen wir, wo wir diese zu suchen haben, dann verschwinden damit auch jene Verhaltensweisen, die gefährlich für uns und das Pferd werden können.

Fallbeispiel

Jüngst ist der Projektwallach seit Jahren wieder Hänger gefahren. Zusammen mit einem Isländer waren wir zu einer Spielewiese für Pferde hier in der Nähe unterwegs. Er hat sich dabei eigenständig verladen – der andere stand schon im Hänger, er davor mit dem Strick über dem Hals. Kurzerhand beschloss er, sich dazuzustellen. Das Einladen für die Rückfahrt lief genauso geschmeidig ab. Das Ausladen dagegen war in beiden Fällen etwas schwieriger. Angekommen auf der Spielwiese ging das Begleitpferd zuerst aus dem Hänger und wurde dann auch noch etwas weggeführt. Der Wallach im Hänger fing an zu rufen, wurde unruhig und drückte gegen die Stange am Hintern – innerhalb von Sekunden. Sobald ich die Stange gelöst hatte, stieg er gemäßigt und kontrolliert Schritt für Schritt schnurgerade die Rampe herunter. Von Aufregung keine Spur. Beim Ausladen im Stall Zuhause wiederholte sich die Szene: Der andere stieg zuerst aus, der Zurückgebliebene im Hänger, der Minuten vorher noch entspannt am Heu gemümmelt hatte, fing an zu wiehern und wieder heftig gegen die Stange zu pressen, obwohl sein Begleiter dieses Mal nicht weggeführt wurde. Stange auf, und erneut ein entspanntes, gerades Herabsteigen. Meine erste Idee war, dass er Probleme mit der Stange hat, vielleicht Platzangst. Normalerweise tritt die aber auf, wenn das Pferd von Anfang an nicht in den Hänger wollte, hineingezwungen und darin eingesperrt wurde, sodass es raus will, aber daran gehindert wird. Öffnet man dann Klappe und Stange, schießt das Pferd so schnell es kann aus dem Hänger hinaus.

Beides war in unserem Fall aber nicht gegeben: Weder haben wir den Wallach in den Hänger gezwungen – er hat sich eigenständig verladen – noch ist er panisch über die Rampe geschlittert, sondern gemessenen Schrittes souverän herabgestiegen. Nicht der Hänger oder das Stehen auf engem Raum war das Problem: vielmehr der Fokus des Pferdes auf seinem Begleiter. Die Angst den Anschluss zu verlieren und allein zu sein lässt ihn im Hänger unsicher werden und gegen die Stange pressen. Bei den vorherigen Fahrten, die wir allein unternommen haben, war auch das Aussteigen nie ein Problem gewesen. Dieses Beispiel zeigt deutlich, wie hinter einem offensichtlichen Problem – dem Aufsitzen auf der Stange – ein ganz anderes steckt: die Angst vom anderen Pferd getrennt zu werden.

Ein weiteres Beispiel für versteckte Ursachen: Ich bemühe mich schon lange um Traversalen auf dem Projektpferd, aber wir beide bekommen sie nicht so hin, wie ich sie gerne hätte. Mein Schenkel im Trab hat wenig Einfluss auf sein Hinterbein, das er entsprechend nicht mitnimmt – von energischem Untertreten kann nicht die Rede sein und schon gar nicht von Stellung in Bewegungsrichtung. Exerzieren und Üben hat uns nicht weitergebracht; wie es eben der Fall ist, wenn man das Falsche übt.

Inspiriert von einem Seminar mit Warwick Schiller habe ich dann von den Traversalen abgesehen und daran gearbeitet, dass sich der Wallach schön im Hals biegen lässt und weich auf die Zügelhilfe hin nachgibt.

Außerdem habe ich ihn konditioniert auf das Vorrollen meiner Hüfte energisch aus dem Stand anzutreten, die Beine fungieren dann, wenn nötig, als verstärkendes Signal. Das Vorrollen nutze ich zwar schon seit Längerem als feines Signal für Bewegung und das Pferd reagiert auch ordentlich darauf. Doch dieses „ordentlich" war mir nun nicht mehr genug und wir haben daran gearbeitet, dass aus dem „ordentlich" ein „energetisch" wurde. Zum ersten Mal seit zehn Jahren auf diesem Pferd fühlte ich mich wie beim Anfahren mit einem PS-starken Auto nach hinten gezogen, wenn er antrat. Ohne groß darüber nachzudenken, fragte ich nach wenigen dieser Einheiten eine Traversale ab. Und auf einmal hatte mein Schenkel einen Draht zum Hinterbein und besagtes Hinterbein trat unter den Körper und den Schwerpunkt des Pferdes.

Wir hatten zwar nicht die eigentliche Lektion geübt, aber die Voraussetzung dafür geschaffen, dass die Lektion funktionieren kann: Wir haben die Bestandteile der Lektion (wenn auch in diesem Fall unbewusst) isoliert, einzeln gefestigt und sie dann wieder zusammengebaut. Und wie so häufig waren die Bestandteile reine Basisübungen, nämlich Schenkel- und Zügelgehorsam, nicht im Trab, sondern im Stand und aus dem Stand in den Schritt. Die Traversale hat nur eine Lücke in der Ausbildung offengelegt und mich zum eigentlichen Problem geführt.

Ausreden: „Aber mein Pferd hat eine schlechte Vergangenheit“

Reiter reden sich schon mal raus. Weil das Pferd beim Vorbesitzer schlechte Erfahrungen mit diesem und jenem gemacht hat, wird das Pferd jetzt geschont und verhätschelt. Überhaupt: Weil es eine schwere Kindheit hatte, kann man ihm Gehorsam eigentlich nicht zumuten. Weil es ein Vierteljahr lahm ging und Probleme mit dem linken Knie hat, ist es zu viel verlangt, dass es beim Füttern Abstand zu uns hält.
Unsere Begründungen, warum unser Pferd nicht mit Gerte geritten wird oder nicht auf den Hänger geht, nehmen manchmal fast absurde Züge an. Sicher, manche Pferde haben traumatische Erlebnisse gemacht, die ihnen ein Leben lang anhaften. Aber selbst diesen tut man keinen Gefallen damit, sie fortan in Watte zu packen. Mitleid hilft unseren Pferden nicht.

Wie soll ein Pferd lernen mit seiner Angst umzugehen, wenn wir es nicht damit konfrontieren? Das ist bei uns Menschen auch nicht anders.

Aus falscher Rücksichtnahme lassen wir unsere Pferde im Unklaren, im Glauben, dass Hänger oder Gerten gefährlich sind oder dass man in Panik verfallen muss, wenn beide Zügel gleichzeitig angenommen werden. Wir erlauben, dass die Vergangenheit das Pferd täglich einholt, weil wir zu bequem oder zu feige sind ihm zu ermöglichen darüber hinwegzukommen. Manche Traumata erfordern professionellen Beistand, sicher. Manche lassen sich vielleicht nicht auflösen, auch das ist möglich. Aber wir sollten dem Pferd die Chance geben, es zu versuchen, statt sie ihm vorzuenthalten.

Ich glaube, dass Pferde deutlich weniger Probleme mit Vergangenheitsbewältigung, als wir Menschen haben und schneller bereit sind, umzudenken und als gefährlich empfundene Reize und Situationen neu einzuordnen.

Vielleicht kann man einem alten Hund keine neuen Tricks mehr beibringen, wie das Sprichwort sagt, einem alten Pferd dagegen sehr wohl:

Pferde sind Meister in der Anpassung und in der Lage, auch langjährige Verhaltensmuster abzulegen beziehungsweise mit neuen zu überlagern.

Lasst die Angst zu

Wenn ein Pferd Angst hat, überträgt sich das oft auf seinen Menschen. Was kein Wunder ist, wer fühlt sich schließlich in der Gegenwart von 600 außer Kontrolle geratenen Kilo mit eigenem Kopf und getrübtem Urteilsvermögen wohl. Das Pferd erschreckt sich, zuckt zusammen und der Mensch zuckt mit. Wie bei allen Schwierigkeiten im Leben hilft es uns auch beim Pferd nicht, vor der Angst wegzulaufen oder sie zu vermeiden – und dem Tier noch weniger. Ich erinnere mich noch sehr gut an die Ermahnungen der Erwachsenen, als ich mit dem Reiten anfing: Man solle nicht zu dicht am Pferd vorbeilaufen, da es sich erschrecken und austreten könnte. Durch die Stallgasse solle man nicht rennen, damit die Pferde in den Boxen nicht in Aufruhr gerieten. So gut gemeint und berechtigt die Ratschläge auch gewesen sein mögen, zeugen sie doch von einer Geisteshaltung, die kontraproduktiv ist: Vorbeugung und Vorsicht hilft unseren Pferden nicht mit Situationen und Reizen umzugehen, vor denen sie Angst haben. Je stärker wir vermeiden das Pferd diesen Stimuli auszusetzen – seien es Plastiktüten oder Regenschirme –, desto größer ist die Wahrscheinlichkeit, dass es Angst bekommt, wenn es sich diesen tatsächlich einmal gegenübersieht. Stattdessen ist es ratsamer, das Pferd vorzubereiten und zu unterstützen, sodass es seine Angst überwinden kann. Das allerdings ist unangenehm – auch für den Menschen, der solchen Situationen gern aus dem Weg geht.

Fallbeispiel

Vor Jahren habe ich an einem Seminar mit Dave Ellis teilgenommen. Er sattelte ein junges Pferd, ohne den Sattel heimlich und leise auf seinen Rücken zu schieben und ohne die Steigbügel festzubinden, damit es sich nicht erschreckt. Er hat das Pferd allen Reizen ausgesetzt, die mit dem Satteln verbunden sind, und ja, das Pferd hatte Angst. Ich erinnere mich noch gut daran, als er sagte, jemand habe dieses Pferd angelogen. Ihm glauben gemacht, dass sich ein Sattel nicht bewege und keine Steigbügel habe. Ellis hat dem Pferd die Wahrheit offenbart und ihm gleichzeitig gezeigt, dass es mit ihr umgehen kann und in Sicherheit ist. Wenn wir alles, was unser Pferd erschrecken könnte, systematisch von ihm fernhalten – so gut das eben möglich ist –, nehmen wir ihm damit die Chance, Selbstvertrauen aufzubauen und mutiger zu werden. Mensch und Pferd dürfen auch mal Angst haben. Sie ist hilfreich, denn nur, wenn wir sie erfahren, lernen wir mit ihr umzugehen.

Entscheidungsfreiheit: Loslassen lernen

Wir Menschen gehen gern mit einem Ziel oder einem Plan in den Stall. Dieser beinhaltet meistens mit dem Pferd etwas Bestimmtes zu trainieren oder ihm etwas beizubringen.

Wissensvermittlung ist dann eine Einbahnstraße, die vom Menschen zum Pferd führt.

Auch wenn wir die Bedürfnisse des Pferdes berücksichtigen, seinem Lernverhalten entgegenkommen und in Kauf nehmen, unser Ziel nicht um jeden Preis sofort erreichen zu müssen: Es bleibt dennoch dabei, dass wir Menschen aus einer übergeordneten Position heraus versuchen, dem Pferd etwas zu vermitteln.

Wie wäre es jetzt, wenn es andersherum laufen würde? Wenn das Pferd weitsichtiger wäre als der Mensch, besser versteht, worauf es ankommt, und es versuchen würde genau das zu kommunizieren? Wir aber nicht hinhören, bei unseren alten Methoden bleiben und damit Widerstand, Bockigkeit und Frust beim Pferd erzeugen? Ich bin überzeugt, dass dies häufiger der Fall ist, als wir glauben. Nicht nur, dass wir nicht genau genug hinhören oder Signale falsch deuten. Wir lassen dem Pferd nicht ausreichend Freiheit und nehmen seine Entscheidungen voraus. Damit gestehen wir ihm nicht zu, Verantwortung zu übernehmen. Wir entziehen ihm Eigenständigkeit. Manche Pferde werden dankbar sein, dass wir Menschen ihnen diese Last abnehmen. Aber für andere ist es essenziell, dass wir ihnen Verantwortung und Freiheit zugestehen, denn nur so erhalten wir ihre Motivation, nur so werden sie weiterhin gern mitarbeiten.

Ein gutes Beispiel für die Unfähigkeit vieler Menschen, etwas aus der Hand und einen Teil der Kontrolle abzugeben, ist das Freispringen. Nicht nur, dass die Hindernisse in Reihe gestellt und mit Absperrband verbunden werden, sodass das Pferd keine Chance hat auszuweichen. Häufig marschiert der Mensch mit der langen Peitsche hinter dem trabenden oder galoppierenden Pferd, treibt es an und klickt und klackt dauerhaft mit der Zunge, auch wenn das Pferd ordentlich läuft und auf einem guten Weg zum Sprung ist. Noch kurz vor dem Absprung und beim Absprung selbst lässt das Treiben nicht nach.
Buck Brannaman wird zitiert mit den Worten, dass wir die Entscheidung eines Pferdes zwar beeinflussen können, am Ende trifft sie aber das Pferd allein. Wir können ihm die Entscheidung nicht abnehmen. Genau das ist es aber, was der treibende Mensch am Sprung mit seinem Pferd versucht: Er will die Entscheidung auf jeden Fall zu springen für das Pferd treffen und kann das Tier deswegen keine Sekunde allein und in Ruhe lassen. Weil er Angst hat, dass es dann nicht mehr springt. Das hat zum Ergebnis, dass er das Pferd nicht nur systematisch auf die Peitsche abstumpft. Schließlich setzt er die Peitsche ein, damit es weitergaloppiert. Er will nicht, dass das Tier sein Verhalten ändert und gibt trotzdem ein Signal. Das Pferd wird bald gelernt haben, dass die Peitsche immer knallt und sie ignorieren – auch dann, wenn sie tatsächlich eine Bedeutung hat (etwa, schneller zu galoppieren oder vom Trab in den Galopp zu wechseln).
Die andere Folge dieser systematischen Bevormundung: Das Pferd lernt, dass es nicht mehr eigenständig denken darf (muss), da es vom Menschen alles vorgekaut bekommt. Und dann wundern sich die Reiter, wenn ihre Pferde schon mit kleinsten Veränderungen größte Probleme haben. Wer den Tieren das Mitdenken systematisch abtrainiert, darf dann nicht erwarten, dass das Pferd schon richtig einschätzen kann, dass eine Plastiktüte, die im Wald am Baum hängt, nicht beißt. Der muss das Tier dann pausenlos babysitten.
Wie sieht die Alternative dazu aus? Im Falle des Freispringens: Wie wäre es, dass Pferd auf den Sprung zu schicken und es dann selbstständig herausfinden zu lassen, was gewünscht ist? Also Peitsche weg und abwarten, wie es sich entscheidet. Das bockige Pferd wird lernen Komfort und Ruhe nach dem gelungenen Sprung zu suchen. Das ängstliche Pferd wird lernen, dass man ihm Zeit lässt herauszufinden, was wir wünschen, und mutiger aus der Situation herausgehen. Dem Pferd Chancen und Zeit zu geben, etwas eigenständig herauszufinden, hat auch mit Respekt vor ihm zu tun.
Pat Parelli sagt seinen Schülern gern Folgendes: „*Wenn dein Pferd mit ‚Nein' antwortet, hast du entweder die falsche Frage oder die Frage falsch gestellt.*" Viele können ein „Nein" als Antwort aber nicht akzeptieren – und das kann durchaus berechtigt sein. Schließlich gibt es Situationen, in denen Gehorsam nicht zur Disposition steht, in denen das Pferd gehorchen muss. Das schließt aber nicht aus, dass wir uns über unsere Fragen und die Art des Fragestellens Gedanken machen.

Reflexion des eigenen Verhaltens

- *Sind wir verständlich und drücken wir uns klar aus?*
- *Sind wir höflich oder schnauzen wir das Pferd von vorneherein an?*
- *Ist unsere Frage spannend oder verlangen wir einfach nur die hundertste Wiederholung einer drögen Übung?*

Ich kann es nicht leiden, wenn mich Leute bevormunden und mir sagen, was ich wie zu tun habe. Ich lehne es dann kategorisch ab, ihren Wünschen Folge zu leisten – unabhängig davon, ob die Anfrage sinnvoll erscheint oder nicht. Werde ich aber freundlich um dasselbe gebeten und kann mich frei entscheiden, ob ich der Bitte nachkomme oder nicht, tue ich das bereitwillig. Bei manchen Pferden habe ich das Gleiche beobachtet. Lassen wir ihnen genug Entscheidungsspielraum und setzen wir sie nicht unter Druck, werden sie gerne gehorchen. Verkaufen wir ihnen die Aufgabe aber als ein *„Du musst jetzt dies oder jenes"* und lassen ihnen keine Wahl, treffen wir auf Widerstand.
Unser Verhalten löst also das aus, was wir doch eigentlich mit allen Mitteln vermeiden möchten. Deswegen „micromanagen" wir doch unser Pferd am Sprung und unter dem Sattel; damit es sich auf jeden Fall so entscheidet, wie wir das wollen. Wir lassen Widerstand nicht zu und dort, wo wir ihn spüren, da versuchen wir ihn zu unterdrücken. Ich glaube, dass das nicht aus dem Willen heraus geschieht das Pferd zu unterdrücken, sondern wegen folgender Annahme: Wenn wir dem Pferd „etwas Falsches durchgehen lassen", dann schaffen wir uns damit in Zukunft Probleme. Diese Vermutung klammert völlig aus, dass wir die Möglichkeit der Korrektur haben.

Wir können unserem Pferd kommunizieren, dass es etwas falsch gemacht hat und ihm die richtige Alternative zeigen. Wir können zulassen, dass unser Pferd Fehler macht. Ich denke, Widerstand ist etwas sehr Natürliches und nichts Schlechtes. Wir sollten aufhören, ihn als etwas Negatives wahrzunehmen, sondern als das, was er ist: Die Botschaft des Pferdes, dass etwas in unserer Kommunikation nicht stimmt, dass wir es nicht von unserer Meinung überzeugt haben und es ein anderes Verhalten für eine bessere Option hält. Das alles gibt uns etwas, woran wir arbeiten können.

Fallbeispiel

Bei einem Pony hatte ich den Eindruck, dass es sich widersetzt hat, weil wir zu langweilig waren. Der Wallach ist clever, gehorsam und neugierig, aber auch sehr sensibel, was seine Freiheit und seinen persönlichen Raum betrifft. Er weiß immer schon genau, was wir im nächsten Moment verlangen werden – ist er einverstanden, zeigt er einen eleganten Gehorsam. Ist er es nicht, haben wir einen Kampf an der Hand. Vielleicht könnten wir den Gehorsam sogar durchsetzen. Aber zu welchem Preis? Schließlich hat das Pony einen Grund, sich zu widersetzen. Und der liegt nicht in reiner Sturheit oder Unwilligkeit.
Im Falle eines Achters, den er in Schritt und Trab gehen sollte, machte er uns mit seiner Weigerung, flüssig um das Hütchen auf die Gerade zum anderen Hütchen abzubiegen, darauf aufmerksam, dass wir ihm im Weg standen, zu sehr am Seil zogen und zu unfreundlich mit der Peitsche mehr Tempo verlangten. Sanftere Signale am Seil (ein Gefühl statt reiner Zug), eine weniger offensive Körpersprache, einige Stehpausen und der deutlich reduzierte Einsatz der Peitsche machten ihm den Gehorsam leichter. Und wo er bei Führübungen unwillig hinter dem Menschen her trottete, die Tendenz hatte, sich am Seil ziehen zu lassen oder den Menschen anzurempeln, da passte er sich geschmeidig und freudig dem Menschen an, sobald wir das Seil abmachten. Weil es dann seine freie Entscheidung war mitzukommen und mitzumachen. Und weil wir Menschen mit unserer Körpersprache deutlich vorsichtiger agierten, um das Pony bei uns zu halten.

Ein anderer Fall: Auf dem Weg zur Koppel ziehen die Pferde nach Grasbüscheln am Straßenrand oder bleiben einfach stehen, um ein paar Äpfel abzugreifen, die von den Bäumen auf den Boden gefallen sind. Was macht der Mensch: Er führt das Pferd an den Stellen, wo es in Versuchung kommen könnte, extra kurz, um das unerwünschte Verhalten zu verhindern. Doch das Pferd kann auch am extrakurzen Seil ziehen oder an der Hand, die ins Halfter greift. Indem er es kurz führt, gibt der Mensch dem Pferd erst gar nicht die Chance, sich richtig zu verhalten, nämlich ihm zu folgen und nicht nach Snacks für unterwegs Ausschau zu halten. Er bevormundet es, weil er davon ausgeht, dass es sich nicht so wie erwünscht verhalten wird. Letztlich kann man dieses Verhalten des Pferdes auf eine Schwachstelle in der Halfterführigkeit zurückführen. Sonst würde das Pferd dem Menschen folgen, ohne seine Fresslust zwischendurch auszuleben. Die Schlussfolgerung wäre, dem Pferd beizubringen, dass es seine Verantwortung ist mitzulaufen, und zwar in einer Position, die der Mensch bestimmt, am durchhängenden Seil und auch in Situationen, in denen das Tier andere Prioritäten hat. Tun wir das nicht, dürfen wir uns nicht wundern, wenn uns das Pferd führt und nicht andersherum. Hat es dagegen verstanden, was seine Verantwortung und seine Aufgaben sind, können wir ihm bedenkenlos den Freiraum des langen Seils geben. Wir gewähren ihm damit die Freiheit zu entscheiden, ob es uns folgt oder Stopps einlegt, um Äpfel zu fressen – und wir vertrauen darauf, dass es in unserem Sinne entscheidet. Tut es das nicht, haben wir immer noch die Möglichkeit der Korrektur. Dann erlebt das Pferd die Konsequenzen, die aus seiner Entscheidung entstanden sind. Nur, wenn wir den Pferden erlauben Fehler zu machen, können sie daraus lernen. Verhinderungstaktik hat noch keinem geholfen.

Entscheidungsfreiheit: Die Freiwilligkeit

Einige Menschen glauben an das Gute im Pferd. Bedingungslos. An den immerwährenden, ungebrochenen Willen des Tieres zur freiwilligen Mit- und Zusammenarbeit mit dem Menschen. Sie schlussfolgern, dass wenn das Tier einmal nicht wie erwünscht mit dem Menschen kooperiert, der Fehler beim Menschen liegt, und zwar immer. Macht der Mensch dagegen alles richtig, arbeitet das Pferd gern mit. Diese Freiwilligkeit ist für sie das Maß aller Dinge. Ich finde diese Einstellung zwar extrem fair dem Tier gegenüber – schließlich ist es eine gute Angewohnheit, den Fehler zunächst bei sich selbst zu suchen und die Schuld nicht auf den Vierbeiner abzuwälzen –, dennoch schließt das eine gewisse Blauäugigkeit gegenüber dem Wesen des Pferdes nicht aus. Spitzer formuliert:

Wer glaubt, dass ein Pferd von sich aus immer gern mit dem Menschen mitarbeitet, spricht dem Pferd indirekt einen eigenen Willen ab.

Er unterstellt, dass ein Pferd nicht auf den Gedanken kommen würde, dass es außer der Mitarbeit noch andere Optionen hat – und die bewusst wählt.

Was ist so abstrakt an der Vorstellung, dass das Pferd nicht mitarbeiten will; aus dem schlichten Grund, dass es sich etwas Besseres vorstellen könnte? **Pferde können unwillig oder desinteressiert sein und ihre Mitarbeit verweigern – auch dann, wenn die Kommunikation klar ist und sie ihre Sicherheit nicht bedroht sehen; also die beiden Hauptgründe, wenn etwas nicht so klappt, wie man sich es vorstellt, nicht vorliegen. Nicht selten ziehen sie freie Zeit der Arbeit vor.**

Meistens bietet der Mensch allerdings nicht genug Anreize für das Pferd, sich anzustrengen. Vieles, was wir vom Pferd verlangen, würde es ohne uns nicht ausführen. Mit Innenstellung im Kreis laufen. Mit Anlauf über Hindernisse springen. Sich auf den Hintern setzen. Warum würde das Pferd all diese widernatürlichen Dinge freiwillig und gern tun wollen? Ich glaube nicht, dass alle Pferde auf Erden mitarbeiten, weil sie dem Menschen gefallen wollen. Viele gehorchen wohl eher, weil sie negative Konsequenzen fürchten, wenn sie sich verweigern, weil sie sich mit ihrer Rolle des Befehlsempfängers abgefunden haben oder weil sie auf eine Belohnung spekulieren.

Pferde können Entscheidungen treffen – und auch wenn wir bemüht sind, alles richtig zu machen, bedeutet das nicht, dass das Pferd freiwillig mitarbeiten wird. Ein Pferd hat andere Prioritäten als ein Mensch. Was wir als spaßig oder spannend empfinden, kann für das Tier langweilig oder angsteinflößend sein. Dennoch setzen wir es diesen Erfahrungen aus, weil wir es schließlich zu einem gewissen Zweck halten. Die Wenigsten erfreuen sich nur an seinem Anblick, wenn es über die Koppel galoppiert. Die Meisten wollen reiten, auf Turniere gehen und Schleifen sammeln, Zirkuslektionen üben oder die Bodenarbeit am Seil verfeinern.

Wenn wir uns die Freiwilligkeitsfrage stellen, dann gehört dazu, alle unsere „normalen" Aktivitäten mit dem Pferd zu hinterfragen.

Freiwilligkeit konsequent zu Ende gedacht beschränkt sich meiner Meinung nach dann nicht nur darauf, ob das Pferd im Training die Ohren vorn hat und einigermaßen motiviert bei der Sache ist. Freiwilligkeit fängt bei der Haltung an: Steht das Pferd freiwillig in der Box? Oder auf dieser steilen Hangkoppel? Wie sieht es mit der Herde aus? Wäre es nicht lieber bei seinem Freund, der aber leider in einen anderen Stall umgezogen ist? Und würde es nicht lieber Heu statt Hafer fressen?

Ich finde die Freiwilligkeitsdebatte müßig, da ihre Forderungen nicht realistisch sind: Völlige Freiwilligkeit ist nicht möglich, weil wir die Pferde nicht fragen können, was sie gerne möchten, und so nicht alle Bedürfnisse eines nach dem anderen abhaken können. Gewisse Grade an Unfreiwilligkeit werden immer vorhanden sein. Und das ist nicht schlimm, denn ich glaube nicht, dass Freiwilligkeit eine Kategorie ist, die im Denken des Pferdes eine Rolle spielt. Aus dem Herdenverband ist jedes Pferd entweder Befehlsgeber oder -empfänger. Pferde sind es von Natur aus gewohnt, Anweisungen zu folgen und eben nicht tun und lassen zu können, was sie wollen (wir Menschen gehen durch eine ähnliche Schule). Deswegen denke ich, dass das Pferd auch im Umgang mit dem Menschen nicht immer alles freiwillig tun muss. Wenn wir den Tieren die Wahl lassen würden zwischen Dressurstunde unterm Reiter oder Koppelzeit mit Kumpels, wäre das Ergebnis wohl ziemlich klar. Unsere Pferde können sich auch uns Menschen nicht aussuchen – da kann von Freiwilligkeit keine Rede sein. Unsere Aufgabe kann es von daher nur sein, dem Pferd die (oft nicht freiwillige) Mitarbeit so angenehm wie möglich zu gestalten.

Kontrolle oder Vertrauen?

Haben Sie sich schon mal über Ihre Fähigkeit zu vertrauen Gedanken gemacht? Sind Sie eher eine misstrauische, vorsichtige Person oder doch eher herzlich, offen und manchmal vielleicht etwas zu vertrauensselig? „*Vertrauen ist gut, Kontrolle ist besser*" hört man häufig, auch in der Pferdewelt. Der Mensch sollte das Tier schon von seiner Meinung überzeugt haben und Gehorsam entsprechend abrufbar sein. Allerdings steht uns unser Kontrollzwang ab und an auch im Weg, nämlich dann, wenn es darum geht, dem Pferd zu vertrauen. Schon Rudolf G. Binding schrieb in seiner „Reitvorschrift für eine Geliebte" aus dem Jahr 1924: „*Wer unklaren Geistes ist, wer zweifelt, wer verneint, reitet schlecht.*" Und: „*Wenn du ihm nicht vertraust, wird es dir nicht trauen.*"

Vertrauen ist keine Einbahnstraße!

Wie soll mein Pferd mir vertrauen, wenn ich ihm nicht auch Vertrauen entgegenbringe?

Zu vertrauen bedeutet nicht, blind in gefährliche Situationen hineinzulaufen, also nicht „*Ich reite jetzt mal über die Autobahnbrücke, weil ich meinem Pferd vertraue*", ohne vorher getestet zu haben, ob das Pferd verkehrssicher ist. Ich meine die Zuversicht, dass das Tier – gut vorbereitet wie es ist – in meinem Sinne handeln wird.

Fallbeispiel

Mein Projektpferd ist das bravste Tier auf Erden. Dennoch hat es mich lange Zeit Überwindung gekostet ihn nicht in die Box zu führen, sondern frei hinter mir herlaufen zu lassen – im Vertrauen darauf, dass er mir folgen wird.

Eine andere Situation: Er steht frei in der Halle und ein anderer Reiter führt sein Pferd herein. Statt zu entspannen und sicher zu sein, dass er nicht zu dem anderen Pferd geht, sondern auf mich wartet, stand ich in den Startlöchern, um ihn einzufangen. Mittlerweile habe ich begriffen, dass auf ihn Verlass ist. Er hat mich kein einziges Mal hängen lassen. Um das zu erfahren, musste ich ihn – und meine Bedenken – aber zunächst gehen lassen.

Das soll keine Aufforderung dazu sein, seine Pferde freizulassen oder Risiken einzugehen. Sondern eher der Hinweis, dass es hilfreich sein kann, einfach mal loszulassen (mental wie den Führstrick) und zuversichtlich zu (er)warten, dass das Gewünschte eintreten wird.

****

Wenn wir nicht vertrauen können, dass etwas gelingen wird, ohne dass wir ständig Einfluss nehmen, machen wir das Leben für uns schwerer und für das Pferd anstrengend.

****

Leslie Desmond hat es einmal anschaulich ausgedrückt: „*Wenn ich jemanden zum Abendessen einlade und erhalte eine Zusage, dann rufe ich im Anschluss nicht noch fünfmal an, um mich zu vergewissern, ob derjenige auch tatsächlich kommt.*“ Leslie demonstrierte das, indem sie ihren „Gast“ bei der Hand führte, um sich alle fünf Sekunden umzudrehen, an seiner Hand zu ziehen und zu fragen, ob er auch noch da sei und mitkomme. Aus einer Einladung, die man aus freien Stücken angenommen hat, wird dann schnell die Verpflichtung zu kommen. Man fühlt sich unter Druck und die Vorfreude geht flöten. Etwas Gutes verwandelt sich in etwas Negatives.

Übertragen auf die Pferde: Wenn ich mein Pferd führe, dann im Vertrauen, dass es mitkommt. Wenn ich mich ständig nach ihm umdrehe, um mich zu vergewissern, ob es noch da ist und folgt (was ich auch am Seil in der Hand fühlen kann), dann sende ich ihm die Botschaft, dass ich an ihm zweifle – an seiner Fähigkeit mir zu folgen und an seiner Vertrauenswürdigkeit. Und dann wird es im Gegenzug vielleicht auch anfangen zu zweifeln, ob es eine gute Idee war mir zu folgen. Schon sind wir beim Spiegel angelangt, den Pferde uns vorhalten:

****

Wenn mir Vertrauen in mein Pferd fehlt, vielleicht fehlt mir dann auch Vertrauen in mich selbst.

****

Nicht der Reiter kontrolliert das Pferd

Der Reiter kontrolliert das Pferd? Nein! Das Pferd kontrolliert sich selbst und der Mensch unterstützt es dabei. Diese Aussage mag widersprüchlich erscheinen, streben wir doch als Reiter die Kontrolle über die Füße des Pferdes an – wir wollen bestimmen, wann das Tier welchen Fuß und in welchem Tempo wohin setzt. Doch bevor wir den Körper des Pferdes so präzise steuern können, muss zuerst seine Aufmerksamkeit bei uns sein – und der Wille zur Mitarbeit. Diese beiden (Aufmerksamkeit und Kooperation) können wir zwar beeinflussen, aber nicht kontrollieren. Wir können dem Pferd helfen, aufmerksam zu sein und wir können es so gut es geht motivieren. Aber dann erschöpft sich unser Einfluss.

Von Horsemen wie Warwick Schiller und Buck Brannaman stammt folgende Aussage: *„Nicht das Gebiss kontrolliert das Pferd; das Pferd muss sich selbst unter Kontrolle haben.“* Vielen Reitern ist das nicht bewusst. Hat das Pferd beim letzten Ausritt Gespenster gesehen und diese im Renngalopp abgehängt, dann wird eben die Trense gegen das Pelham (Hebelgebiss) getauscht. Außerdem gibt es ja noch jede Menge Hilfszügel. Der Fantasie sind nahezu keine Grenzen gesetzt – schließlich kommen kontinuierlich neue mechanische Hilfsmittel auf den Markt, die versprechen außer Kontrolle geratene Pferde zu bändigen. Mit schärferen Gebissen und Hilfszügeln versucht der Reiter die Symptome – das panische Flüchten – in den Griff zu kriegen. Doch das ändert an der Ursache – der Angst – nichts. Statt die Lösung des Problems im Kopf des Pferdes zu suchen, setzen Gebisse und Hilfszügel außen am Kopf an. Der Mensch bekämpft Emotionen mit physischem Druck, rüstet hoch, wo er abrüsten und absteigen müsste.

Angst kommt man nicht mit Zwang bei, Widerwillen auch nicht. Der Mensch muss in beiden Fällen Überzeugungsarbeit leisten: zum einen beweisen, dass er vertrauenswürdig ist, zum anderen, dass die Mitarbeit sich für das Pferd lohnt. Das geht am einfachsten vom Boden, wo sich spätere Probleme unterm Sattel schon andeuten. Wie Pat Parelli fragt: *„Wie soll sich das Pferd mit einem Reiter benehmen können, wenn es das nicht mal alleine schafft?“*

Buck Brannaman lehrt seine Schüler, dass sie in der Lage sein müssen, ihre Pferde am losen Zügel in allen Gangarten zu reiten – inklusive Renngalopp. Das liefert den Beweis, dass das Pferd mental beim Reiter bleiben kann und es auch hohe Geschwindigkeiten nicht als Aufforderung zur Flucht versteht. Dass ein Pferd am losen Zügel im Renngalopp ansprechbar bleibt, ist keine Selbstverständlichkeit, sondern Übungssache.

Warwick Schiller stößt ins gleiche Horn und formuliert es so: „*Wenn dein Pferd nicht am langen Zügel Schritt gehen, traben und galoppieren kann, bedeutet das, dass du den Kontakt am Zügel nicht für Kommunikation, sondern für Kontrolle benutzt. Das kann zu einem ängstlichen Pferd und abgestumpften Reaktionen führen.*"

Überleben versus Fortschritte machen

Ich habe diesen Satz schon so oft gehört und ich will ihn nicht mehr hören: „*Da muss der jetzt durch!*" Immer gern genommen, wenn der Mensch (beziehungsweise der Reiter) eine schwierige Situation kommen sieht oder aus Erfahrung weiß, dass sein Pferd in gewissen Umständen dazu neigt, Probleme zu haben, diese Umstände aus seiner Sicht aber nicht zu vermeiden sind. Seien es die Pfützen auf dem Waldweg, die anstrengende Dressurstunde oder die Hängerfahrt.

Pferde sollten mit Zeit und Ruhe an Situationen gewöhnt werden, die ihnen von Natur aus Angst machen. Eine Hängerfahrt bedeutet für das Fluchttier, dass es eingesperrt wird, nicht weglaufen kann und zudem immer wieder nach seiner Balance suchen muss. Wir sollten unseren Pferden aus Respekt die Möglichkeit geben, sich auseinandersetzen zu dürfen.

Für mich sprechen aus dem Satz „*Da muss der jetzt durch*" fehlende Reflexion und fehlende Empathie für das Pferd und dessen Perspektive. Er zeigt deutlich, dass der Mensch nicht gewillt beziehungsweise ausreichend motiviert oder in der Lage ist, an den Umständen etwas zu verändern, sodass das Pferd sie nicht einfach über sich ergehen lassen muss, sondern aktiv dabei unterstützt wird. Durch diesen Satz werden Überforderung und Angst beim Pferd, Sturheit und Ungeduld beim Menschen erzeugt. Es klingt nach Eskalation, nach Streit, danach, etwas Unangenehmes schnell hinter sich zu bringen, danach, sich durchzusetzen, egal, wie hoch der Preis ist.

Sicher ist es wichtig, seine Pferde nicht in Watte zu packen und sie Situationen und Reizen auszusetzen, die ihnen Angst machen. Allerdings mit dem Ziel, sie vorzubereiten und abzuhärten, ihnen die Furcht zu nehmen und sie selbstbewusster zu machen. Das erreicht aber kein „*Da muss der jetzt durch*".

Der Australier Warwick Schiller bringt Probleme, die Reiter mit ihren Pferden haben, auf den Punkt mit knackigen Vergleichen. Eine Überlegung, die er angestellt hat, war der Unterschied zwischen etwas zu überleben und tatsächlich Fortschritte zu machen. „*Da muss der jetzt durch*" entspricht dem bloßen Überleben. Viele Reiter überstehen schwierige Situationen mit ihren Pferden, profitieren aber nicht von der Erfahrung. Im Gegenteil: Würden sie ihnen erneut ausgesetzt, wiederholten sich die Probleme.

Ein Beispiel: Sie führen Ihr Pferd zur Koppel und müssen dafür an einigen Heuballen am Wegesrand vorbei, die in Plastikfolie gewickelt sind. Das Pferd ist schon von Weitem misstrauisch und sobald der Wind die Folie bewegt und knistern lässt, bekommt es Angst. Sie schaffen es zwar, das Pferd an der Gefahr vorbei zu manövrieren, doch denken Sie schon mit Unbehagen an den Rückweg. Und auch auf morgen freuen Sie sich nicht unbedingt, wenn Sie das Tier wieder auf die Koppel bringen müssen. Der Grund dafür ist, dass Sie die Situation zwar überlebt haben, aber weder Sie noch Ihr Pferd haben sich dem Problem – der gefährlichen Plane – gestellt und daran gearbeitet es zu lösen. Die Lösung liegt in der Vorbereitung: Das Pferd muss sich im Vorfeld mit Plastikplanen auseinandersetzen können, nicht erst unter Zeitdruck, weil der gestresste Mensch es schnell auf die Koppel bringen will, um nach Hause zu kommen.

Wenn das Pferd sich an Plastikplanen auf dem Boden gewöhnt hat, es sich damit problemlos berühren lässt und sich auch von Tüten, die an der Peitsche befestigt hin und her geschwungen werden, nicht beeindrucken lässt, ist die Basis gelegt für einen stressfreien Weg zur Koppel – vorbei am Planenungeheuer.

Durch die Auseinandersetzung des Pferdes mit Plastikplanen ist zwar eine Grundlage geschaffen, aber auch in der „realen Situation“, beim Passieren der in Plastik eingepackten Heuballen, kann es noch zu Irritationen und Angst beim Pferd kommen – schließlich ist die Umgebung eine andere, die Plane hat womöglich eine andere Form und Farbe.

Wir sollten also auch hier wieder Zeit einplanen, dem Pferd erlauben, sich den Heuballen und der Folie zu nähern; aber auch auszuweichen, wenn der Druck zu viel wird. Das Pferd wird sich daran gewöhnen und seine Angst überwinden. Aber nur, wenn der Mensch ihm dabei hilft und es nicht mit der Situation überfordert, weil es selbstverständlich und möglichst schnell *„da durch muss“*.

Je mehr Vergleichswerte wir haben, desto präziser und korrekter wird unsere Interpretation des Pferdeverhaltens ausfallen.

5

Typisch Pferd

Das Befinden eines Pferdes zeigt sich immer in seinem Verhalten: Sein Verhalten ist Ausdruck seines mentalen und emotionalen Status. Pferde lesen lernen hilft uns zu wissen, wie es dem Pferd gerade geht und was es uns mitteilen möchte. Ich schaue mir dafür immer zuerst das gesamte Pferd an, versuche einen allgemeinen Eindruck über seinen Charakter zu gewinnen. Dann fokussiere ich die Details, die mir Aufschluss über die gegenwärtige Situation und Gefühlslage geben. Die Kategorien, in die ich einteile, sind dabei *Spannung* und *Entspannung*. Letztere ist die Basis für alles Lernen. Ich versuche also das angespannte Pferd zu entspannen – und wenn mir die Entspannung im Verlauf der Einheit verloren geht, sie wiederzuerlangen.

Pferdeverhalten interpretieren

Ein Blick aufs Pferd und wir erhalten einen ersten Eindruck. Der geht auch über das Visuelle hinaus – schließlich können wir spüren, ob unser Pferd unter Spannung steht oder bequem vor sich hindöst: Das Tier strahlt Härte oder Weichheit aus.
Es ist wichtig, dass das Pferd als Ganzes betrachtet wird und einzelne Körperteile nicht komplett isoliert werden, da diese durchaus auch widersprüchliche Informationen aussenden können: Ein Pferd kann mit angehaltenem Atem und angespanntem Körper eine potenzielle Gefahr fixieren, aber dennoch einen Hinterfuß dabei angewinkelt haben. Dieser wird allgemein gern als Zeichen von Entspannung interpretiert, was in diesem Kontext ein Fehlschluss wäre. Zudem spielen verschiedene Körperteile zusammen, um eine Botschaft zu übermitteln: Wenn der Schweif schlägt, legen sich im Anschluss zum Beispiel gern die Ohren an – ein eindeutiger Hinweis darauf, dass dem Pferd etwas missfällt. Auch hier würde uns ein Teil der Nachricht entgehen, würden wir uns nur auf einen Körperteil konzentrieren.

Schwieriger wird es, wenn das gleiche Verhalten auf unterschiedliche Gemütszustände hindeutet: Das Pferd kann den Kopf hängen lassen, weil es entspannt ist, Schmerzen oder Angst hat und versucht durch Abtauchen des Kopfes Sicherheit zu finden. Ein Pferd kann gähnen, weil es tiefenentspannt ist oder weil es fühlt, dass sich eine Kolik andeutet, also gerade das Gegenteil von Wohlbefinden.

Im Zweifelsfall verraten uns Nuancen der Körpersprache, woran wir sind:

- *Wie ist der Ausdruck der Augen, blinzelt das Pferd oder schaut es starr?*
- *Wie lebhaft sind die Ohren?*
- *Ist die Maulpartie entspannt?*
- *Wie trägt es den Schweif?*
- *Steht sein Körper unter Spannung?*
- *Wie atmet das Pferd?*

Noch komplizierter kann es werden, wenn das Pferd das, was wir ihm beigebracht haben, entfremdet und in anderen Zusammenhängen zeigt: Wir sehen dann unter Umständen ein Verhalten, das wir als Zeichen von Selbstbewusstsein und Neugierde kennen – in Wirklichkeit steht das Pferd aber unter großem Stress. Nicht alle Pferde rennen oder bewegen sich, wenn sie Angst haben oder sich nicht wohlfühlen und zeigen uns damit deutlich, dass sie Probleme haben. Andere frieren fest und werden starr – was auf den ersten Blick wie ein ruhiges, braves Pferd wirkt, ist tatsächlich eines, das angespannt ist und jeden Moment explodieren kann.

Deswegen ist es ideal, wenn man die Möglichkeit hat, verschiedene Pferde über einen längeren Zeitraum zu beobachten. Jedes hat sein eigenes Sprachmuster und eine individuelle Ausdrucksweise. Je besser wir ein Pferd kennen, desto leichter wird es uns fallen, diese Muster als solche zu identifizieren.

Je mehr Vergleichswerte wir haben, desto präziser und korrekter wird unsere Interpretation des Pferdeverhaltens ausfallen.

Ein weiterer hilfreicher Anhaltspunkt ist die Geschwindigkeit der Bewegungen: Schnelle, reflexartige oder ruckartige Bewegungen deuten auf Anspannung hin, weichere und gelassenere auf Entspannung.

Körperteil	*angespannt*	*entspannt*
Kopf	♦ hoch erhoben ♦ Kopfschlagen	♦ auf Höhe des Widerrists oder noch tiefer ♦ Kopfschütteln
Augen	♦ starr ♦ weit geöffnet ♦ kurzes, schnelles Blinzeln ♦ das Weiß ist erkennbar ♦ fixiert auf eine Richtung, ändert den Fokus aber schnell	♦ weich ♦ blinzelt langsam ♦ Lider eventuell leicht geschlossen

Maul	♦ zusammengepresste Lippen ♦ gespannte Kiefermuskulatur ♦ geblähte Nüstern	♦ Lippen liegen locker aufeinander ♦ manchmal hängt die Unterlippe ♦ normale Nüstern ♦ Kiefer beweglich ♦ Pferd kaut und leckt die Lippen ♦ Gähnen
Ohren	♦ starr ♦ schnell in Bewegung ♦ fixiert oder wechseln die Richtung häufig ♦ an den Hals angelegt	♦ lässiges Ohrenspiel ♦ seitlich oder leicht nach hinten abgeklappt
Atmung	♦ schnell, unregelmäßig, flach ♦ Pferd hält den Atem an ♦ hartes Schnauben oder Prusten/Schnorcheln	♦ regelmäßig ♦ stetiges An- und Abschwellen des Brustkorbs, tiefes Ausatmen ♦ weiches Abschnauben
Schweiß	♦ bricht in kurzer Zeit aus (emotional) ♦ an Flanke/Bauch oberhalb des Knies	♦ bildet sich allmählich (körperliche Anstrengung)
Schweif	♦ hoch erhoben ♦ eingeklemmt ♦ schlägt hin und her	♦ frei getragen ♦ pendelt hin und her
Körper und Gewichtsverteilung	♦ steife Haltung ♦ Gewichtsverlagerung in Bezug auf den Reiz ♦ Hab-Acht-Stellung ♦ schneller Herzschlag (sichtbar) ♦ zuckende Haut ♦ Gliedmaßen unter Spannung ♦ Rücken durchgedrückt ♦ Unterhals herausgedrückt ♦ Scharren ♦ schief auf dem Kreisbogen bei hoher Geschwindigkeit	♦ weicherer Eindruck ♦ nicht starr fokussiert ♦ Hinterbein angewinkelt ♦ weiche untere Halspartie ♦ Schütteln (Kopf/Hals oder ganzer Körper) ♦ schlaucht etwas aus ♦ balanciert

Geschwindigkeit aller Bewegungen	♦ schnell, hektisch, unfokussiert ♦ kann nicht stillstehen ♦ gehetzt ♦ Taktfehler ♦ unregelmäßiges Tempo ♦ "*Reaction*"	♦ langsamer und entspannter ♦ zufrieden im Stand ♦ weicher ♦ geschmeidiger ♦ reiner Takt/Rhythmus ♦ konstantes Tempo ♦ "*Response*"
allgemeiner Eindruck	♦ Anspannung ♦ Steifheit ♦ Härte	♦ Weichheit ♦ Entspannung ♦ Lockerheit

Fallbeispiel

Eine Stute, mit der ich arbeite, galt als unreitbar. Ihr wurde das Buckeln und Steigen mit Kraft ausgetrieben. Jetzt duldet sie Menschen auf ihrem Rücken – allerdings nicht, weil sie verstanden hat, dass der Reiter ihr nichts tut, sondern weil ihre Angst vor den negativen Konsequenzen größer ist, als die Angst davor jemanden auf den Rücken zu lassen. Die Stute ist gehorsam, aber es fällt ihr schwer unter dem Reiter zu entspannen. Auch insgesamt ist sie ein unsicheres Tier, niedrig in der Rangordnung der Herde. Sie bindet sich stark an den Menschen, vertraut ihm aber nicht genug, um nicht ständig um ihre eigene Sicherheit besorgt zu sein. Anforderungen des Menschen bereiten ihr dann großen Stress, weil diese sie stören, wenn sie nach potenziellen Gefahren Ausschau hält.
Das Ergebnis ist ein Pferd, das sich leicht ablenken lässt, auf jeden kleinen Reiz reagiert und nur schwer in die Entspannung findet. Die Stute ist prädestiniert dafür, gelernte Verhaltensweisen in anderen Zusammenhängen zu zeigen.

Wir haben sie, um ihr zu helfen mehr Selbstsicherheit zu entwickeln, dazu aufgefordert Dinge und Objekte eigenständig anzuschauen und zu erkunden. Die Stute sollte verstehen, dass wir nicht jeden ihrer Schritte bevormunden, sondern es ihr erlaubt ist, eigene Ideen zu haben und Initiative zu zeigen. Es war ein sehr großer Schritt für sie am Cavaletti-Block zu schnuppern; anfangs verstand sie nicht, was wir von ihr wollten. Mittlerweile ist sie so weit, dass sie beim Erkunden von Gegenständen auch die Füße einsetzt und eigenständig Dinge untersucht. Dieses Verhalten, Objekte und Gegenstände mit der Nase zu berühren oder mit den Hufen anzustoßen und anzuscharren, ist, isoliert betrachtet, ein Zeichen für Neugierde und damit für Selbstvertrauen des Pferdes.

Diese Stute zeigt aber auch, wenn sie gestresst ist: Sie hat gelernt, dass sie sich mit Dingen auseinandersetzen soll und darf – und darüber eine gewisse Entspannung erfahren. Wenn sie jetzt eine Aufgabe nicht versteht oder vom Umfeld so stimuliert wird, dass ihr Stresspegel steigt, sucht sie zielstrebig ein Objekt, nagt an ihm und scharrt – in der Hoffnung auf Erleichterung. Das hat dann nichts mehr mit einem selbstbewussten Pferd zu tun, das seine Umgebung erkundet, sondern ist der verzweifelte Versuch eines hochgradig gestressten Tieres Sicherheit und Entspannung zu finden. Deswegen ist es so wichtig, das Verhalten des Pferdes immer im Kontext zu sehen. Schaltet das Pferd schnell und übergangslos von einem Verhalten in ein anderes um, kann das ein Zeichen dafür sein, dass es ein Ventil sucht, um Stress abzubauen. Die Stute etwa läuft eben noch mit aufgerissenen Augen, hohlem Rücken und hoch getragenem Kopf am Seil, um im nächsten Moment an der Stange anzuhalten und sie mit Zähnen und Hufen zu bearbeiten. Ihre Bewegungen sind dabei nicht sanft, fordernd und erkundend, sondern hart, hektisch und angespannt. Diese Qualität der Bewegung ist ein deutlicher Hinweis auf die mentale Verfassung des Pferdes.
Manche Pferde rupfen ruckartig zwei Bissen Gras, reißen den Kopf wieder in die Höhe und sondieren ihre Umgebung – auch hier ist Grasfressen nicht das Zeichen von Wohlbefinden, sondern ein alternatives Verhalten, um Dampf abzulassen.

Der Friese, mit dem ich arbeite, ist von seiner Natur aus ein Pferd, das kaum die Ohren anlegt und auch nicht mit dem Schweif schlägt. Er mag Menschen und die damit einhergehende „Bespaßung", ist selten schlecht gelaunt und hat deswegen keine Notwenigkeit seinen Missmut kundzutun. Bei einer Bodenarbeitseinheit aber wirbelte er häufig mit dem Schweif – auch abseits von meinen Hilfen, sodass ich das Schweifschlagen nach einer Weile auch nicht mehr als Kommentar zu meiner Einwirkung auffasste. Weil er nicht aufhörte, schaute ich mir dann seinen Schweif an: Der Friese war im Fellwechsel und gerade oberhalb der Schweifrübe verlor er jede Menge Haare. Es muss ihn wahnsinnig gejuckt und gekitzelt haben. Damit hatte ich eine Ursache für das Schweifschlagen, die mir zuvor nicht in den Sinn gekommen wäre.

Widerstand im Kopf

Wann haben Sie das letzte Mal „Nein" zu einer Aufforderung gesagt? Wissen Sie noch, warum Ihre Antwort negativ ausgefallen ist? Weil Sie den Fragenden nicht mochten, weil Sie keine Zeit hatten oder weil die Anfrage Sie schlicht überfordert hätte?
Auch beim Pferd kann Widerstand mentaler Natur sein und ist nicht immer auf körperliche Beeinträchtigungen zurückzuführen. Wenn eine Übung also nicht so funktioniert, wie erwartet, und Missverständnisse ausgeschlossen sind, lohnt es sich zu überprüfen, wie es mit der Willigkeit des Pferdes zu reagieren steht, und zwar nicht nur auf die aktuelle Anfrage, sondern ganz im Allgemeinen. Pferde, die zu einfachen Dingen „Nein" sagen, werden schwierigere Aufgaben erst recht nicht meistern. Und oft tauchen Probleme an Stellen auf, wo wir sie nie erwartet hätten, weil sich das Pferd im Vorfeld schon in anderen Zusammenhängen verweigert hat, die wir aber nicht mit dem aktuellen Problem in Verbindung bringen.

Ein Klassiker hierbei ist das Hufe-Geben: Wenn ein Pferd sich weigert, den Huf zu heben, muss das nicht zwangsläufig damit zu tun haben, dass der alte Hufpfleger ihm immer die Beine unter dem Körper herausgezogen hat oder die Reitbeteiligung die Füße nicht sanft abstellt, sondern einfach loslässt, wenn sie mit dem Auskratzen fertig ist. Auch steckt nicht immer fehlende Balance hinter der Weigerung, dem Menschen die Kontrolle über seine vier Gliedmaßen zu überlassen. Manchmal ist es einfach ein schlichtes „Nö" seitens des Pferdes. Und das steht selten allein. Ein Pferd, das „Nein" zum Huf-Geben sagt, sagt auch gern „Nein" zum gesitteten Führen, zum Abstandhalten, zum Antraben oder zum Richtungswechsel. Die Weigerungen sind vielfältig und mit langwierigem Training an den Hufen (das man als Mensch zwangsläufig verliert, wenn man sich auf ein körperliches Kräftemessen mit dem Pferd einlässt) schustert man wieder am Symptom herum, anstatt die Ursache anzugehen. Diese liegt im allgemeinen Unwillen des Pferdes zu gehorchen.
Der amerikanische Horseman würde von "*positive reflexes*" (positiven Reflexen) sprechen, die dem Pferd fehlen. Hat das Pferd dagegen gelernt, willig auf verschiedene Anfragen des Menschen zu reagieren, ist in der Regel auch das Hufe-Geben kein Problem mehr. Nämlich dann, wenn sich das Pferd beschleunigen, bremsen und lenken lässt sowie auf feine Signale reagiert und nicht erst die deutliche Aufforderung abwartet.

Erlangen wir die Kontrolle über die Füße des Pferdes und seine Akzeptanz, dann ist auch das Heben der Hufe im Stillstand kein Problem mehr.

Fallbeispiel

Eine vergleichbare Situation erlebe ich immer wieder mit einem meiner Projektpferde. Als nicht übermäßig bewegungsfreudiges Pferd lässt er sich gerne bitten – vor allem, wenn man sich als Mensch darauf einlässt. Dann werden die kleinsten Bewegungen seinerseits zum Anlass größerer Konflikte. Zum Beispiel dann, wenn ich Biegung im Hals und Stellung im Genick verlange – das ist dann (selbst im Stand) zu viel der Anstrengung für das Tier. Er hängt sich ins Seil, zieht gegen oder blockiert einfach im Genick. An williges und weiches Nachgeben ist aus so einer Situation heraus nicht zu denken. Merke ich, dass ich ihn auf dem falschen Fuß erwischt habe, lasse ich mich nicht auf seine ermüdenden Ziehspiele ein, sondern schicke ihn raus und lasse ihn am Seil in höherem Tempo arbeiten. Wenn eine leichte Stellung im Genick zu viel verlangt ist, dann darf er im Trab und Galopp marschieren.

Folgt das Pferd weich meinen Hilfen, dann ist es mit seinem Kopf und auch seinem Körper nachgiebig. Es kann also physisch umsetzen, was ich verlange und ist auch mental damit einverstanden.
Die Blockade im Genick hat in diesem Fall keine körperliche Ursache, sondern eine geistige. Stelle ich ihn vor die Wahl „Bewegen oder Nachgeben", entscheidet er sich, ohne zu zögern, für die bequemere Variante: Nachgeben.

Die Ursache für Ungehorsam liegt also nicht immer dort, wo man sie zunächst vermuten würde. Vielmehr ist das Pferd, aus welchen Gründen auch immer, zu der Ansicht gelangt, dass es unseren Aufforderungen nicht Folge leisten muss. Und diese Meinung müssen wir ändern, wenn wir Gehorsam erwarten.

Welchem Muster folgt mein Pferd?

Widerstand im Pferd, wie sieht er aus? Das eine Tier zieht gegen das Seil und versucht zu entkommen, geht vielleicht rückwärts; das andere bleibt einfach stehen und lässt sich gar nicht mehr bewegen. Auch wenn die Situationen sich verändern und die Stimmungen des Pferdes schwanken: Oft zeigen Pferde immer wieder das gleiche Muster bei einer Aufforderung, mit der sie nicht einverstanden sind oder die sie verwirrt. Sie wiederholen das Verhalten, weil es ihnen charakterlich am nächsten ist oder weil sie gelernt haben, mit ihm Erfolg zu haben: Das Pferd mit wenig Bewegungsdrang wird eher zum Stehenbleiben und Abwarten tendieren als zum wilden Bocken. Der nervöse Hibbel, der sonst seine Füße kaum stillhalten kann, braucht dagegen ziemlich viel, um zur Salzsäule zu erstarren. Seine natürlichere Anlage wäre eher das Heil in der Flucht zu suchen. Das freundliche Pony wird, wenn es ihm zu viel wird, einfach nach vorn kommen und vielleicht versuchen, den Menschen zur Seite zu schieben, der einfach nicht lockerlässt. Und der reservierte Skeptiker entzieht sich nach hinten ins Rückwärts. Ihm liegt es fern den Menschen zu bedrängen.

Pferde haben gewisse Strategien, um sich unangenehmen oder unbequemen Situationen zu entziehen.

Manche haben diese schon nah an eine Kunstform gebracht. Und während man in vielen Situationen dem Pferd zugutehalten sollte, dass es uns einfach nicht versteht, verwirrt ist und deswegen alternatives Verhalten (wie rückwärts Ausweichen) anbietet, gibt es auch Charaktere, die genau nachfragen, wie ernst wir es meinen oder die die Anfrage gerne deutlicher formuliert hätten.

Fallbeispiel

Ein Kaltblut, das sich durchaus seiner Größe und seines Gewichtes bewusst ist, wählt die denkbar einfachste Variante: Der Wallach bleibt einfach stehen und beobachtet, wie sehr wir Zweibeiner ins Schwitzen kommen, um ihn überhaupt zur geringsten Bewegung zu animieren. Das Pferd ist nicht faul, nur in diesem Fall unmotiviert. Eine weitere erfolgsversprechende Strategie: die Nähe als Waffe. Neben dem Menschen stehen (bleiben) beziehungsweise eher einen Schritt auf den Zweibeiner zugehen als einen zu viel zurück. Wir Zweibeiner zappeln dann, schütteln das Seil und bemühen uns, dass er diesen einen Schritt wieder zurück macht und vergessen darüber, dass wir eigentlich viel mehr von ihm wollten. In diesem Fall haben wir die Strategie des Wallachs nachhaltig unterwandert, in dem wir ihn auf Abstand zu uns gebracht haben, und zwar mehr als den halben Meter, den er aus Bequemlichkeitsgründen eingehalten hat. Wir haben dafür gesorgt, dass er auf drei, vier Meter am Seil zurückgewichen ist. Auf einmal hatten wir Platz zum Atmen und zum Manövrieren. Nur dieses Einfordern unseres zugegeben ausgedehnten persönlichen Raums hat das Pferd so beeindruckt, dass wir im Anschluss keinerlei Probleme mehr hatten ihn zu bewegen, auch in schnelleren Gangarten.

Eine Friesenstute, die neben einer gewissen Unsicherheit auch einen großen Dickschädel hat, zeigt die Tendenz, ihren Menschen mit der Schulter beiseite zu schieben und beim Führen hinter sich herzuziehen. Erschrickt sie sich, springt sie durchaus in den Menschen hinein. Fordern wir das Rückwärtstreten, zeigt sie eine Tendenz zum Steigen. Ihre Angewohnheiten des Büffelns oder Steigens weisen darauf hin, dass sie nur in Vorwärtskategorien denken kann. Stehenzubleiben oder – noch anspruchsvoller – rückwärts zu weichen sind für die Stute mental und emotional schwierige Aufgaben. Gerade beim Rückwärts wird das deutlich: Da sie nicht rückwärts will, aber wir ihr nach vorne keinen Ausweg lassen, entzieht sie sich nach oben.

Pferde, die versuchen, sich immer wieder ins Vorwärts zu entziehen, werden meist zu viel festgehalten. Das mag ein Henne-Ei-Problem sein: Löst der Mensch mit dem Festhalten die Befreiungsversuche des Pferdes aus oder versucht er damit das Pferd vom Vorwärtsrennen abzuhalten? Festhalten löst das Problem nicht, es vergrößert die Tendenz des Pferdes, sich zu wehren. Wir Menschen erreichen oft schon eine große Verbesserung im Pferdeverhalten, indem wir das Pferd am losen Seil statt auf Zug führen. Loslassen ist in diesem Fall die Lösung, nicht nur, aber auch, weil wir das Pferd, halten wir es eng und fest, auf uns heraufziehen. Da hilft auch kein steifer, durchgedrückter Arm als Abstandshalter, der dem Pferd im Gegenteil erlaubt, uns aus dem Gleichgewicht zu bringen. Wenn wir dem Pferd das Vorwärts erlauben, statt es zu verbieten oder es zurückzuhalten, wird es eher in die Entspannung finden und nicht mehr die Notwendigkeit verspüren, sich vom Druck mit einem Sprung nach vorn zu befreien.

Ein anderer Wallach versucht es mit Ignoranz: Er ist groß, relativ schwer und hat gelernt, dass er seine Menschen ohne Konsequenzen hinter sich herziehen kann. Sein Motto: „*Augen zu und durch*". Das Pferd hat keinen Plan davon, was es heißt auf Druck zu weichen. Auf Druck reagiert er mit Gegendruck. Das lässt sich sogar beobachten, wenn er einfach nur angebunden auf der Stallgasse steht: Er weicht soweit zurück, dass das Seil sich spannt und hängt sich hinein. Interessanterweise zeigt er dieses bedingungslose Hindurchlaufen durch Druck auch im Herdenverband. Angelegte Ohren oder drohende Hinterteile ignoriert der Wallach – und trägt dann eben die Konsequenzen in Form von Bissen und Tritten. Hier wäre es wichtig, das Muster des Tieres zu durchbrechen und ihm klarzumachen, dass wir von ihm Nachgeben erwarten, wenn wir Druck, in welcher Form auch immer, aufbauen. Sein Verhalten ist eingefahren, entsprechend kann es dauern, bis er nach anderen Lösungen sucht. Schließlich hat Widerstand in den vergangenen Jahren seines Lebens immer funktioniert. Ich würde hier nicht mit direktem Druck, etwa Zug am Seil, arbeiten, da wir Menschen ein solches Wettziehen immer verlieren. Mein Mittel der Wahl wäre indirekter, energetischer Druck, in den sich das Pferd eben nicht hineinlehnen kann.

Was Pferde ärgert

Wenn das Pferd die Ohren anlegt oder mit dem Schweif schlägt, dann ist das ein Zeichen für Unwillen. Wir können darüber hinwegsehen und das Pferd zum Gehorsam auffordern, indem wir die Hilfe, auf die es reagiert, solange aufrechterhalten, bis sein Ausdruck freundlicher wird. Oder wir lesen die angelegten Ohren und den peitschenden Schweif als Kommentar zu unserer Kommunikation, die das Pferd als verbesserungswürdig ansieht – und interpretieren es nicht als fehlende Bereitschaft des Pferdes, mit uns zusammenzuarbeiten. Denn häufig sind wir selbst der Auslöser für die Verärgerung des Pferdes.

Doch was machen wir falsch? Pferde ärgern sich nicht über Druck, sie ärgern sich, wenn der Druck in falscher Dosierung oder zur falschen Zeit übermittelt wird. Wenn sie ihn als ungerecht oder unnötig empfinden oder spüren, dass wir nicht hinter unseren Ansagen stehen.

Was ist ungerechter Druck? Der Mensch fordert das Pferd zum Antraben auf, das Tier reagiert, trabt aber nicht so flott an, wie der Mensch es sich vorgestellt hat. Der Reiter bleibt dran und treibt munter weiter. Das Pferd lernt, dass Antraben nicht die gewünschte Lösung war, weil die Peitsche nicht verschwindet. Ein schlampiges Antraben in einen schnelleren Trab hoch zu korrigieren ist eine unbefriedigende Lösung, da sie die Ursache – den fehlenden Elan beim Temposteigern – nicht adressiert. Stattdessen kommt das Nachtreiben des Menschen beim Pferd als Nachkarten an. Besser wäre es, das Pferd wieder durchzuparieren und ein flottes Antraben von Anfang an zu verlangen.

So viel Druck wie nötig; so wenig wie möglich: So schafft man Klarheit für das Pferd und kann die Hilfe dann wieder aussetzen, anstatt durchweg zu treiben.

Ebenfalls ungerecht ist eine überfallartige Hilfe, die ohne Vorbereitung und mit viel Druck übermittelt wird. Das Pferd hat nicht die Gelegenheit, sich darauf einzustellen und kann nur verspätet reagieren, wofür der Mensch es wiederum sanktioniert.
Manche Pferde reagieren auch genervt, wenn die erste Aufforderung des Menschen mehr Druck beinhaltet, als sie es für nötig empfinden. Sie verstehen, was der Mensch will, sind bereit, es auszuführen, und fühlen sich durch das unnötige Plus an Druck bedrängt und bevormundet. Noch ärgerlicher fürs Pferd wird es, wenn der Mensch diesen mittelhohen Druck, den er nicht mit einem leichten Signal vorbereitet hat, für eine Weile beibehält, statt dem Pferd mit dessen Aussetzen die direkte Rückmeldung für das richtige Verhalten zu geben. Das Pferd ist nun der Meinung, dass es nicht nur unhöflich gefragt wurde, sondern auch, dass es weiter geärgert wird, obwohl es das Angefragte ausführt. Der Mensch muss hier an seiner Aufmerksamkeit und an seinem Timing arbeiten, damit er erkennt, wann er die Hilfe aussetzen muss.

Anhaltender Druck ärgert Pferde. Er ist bedeutungslos und nervt die Tiere, da sie ihn nicht abstellen können.

Der Mensch rückt ihnen mit der ständig wedelnden Peitsche oder den bei jedem Schritt stechenden Sporen zu Leibe – also lernen sie diese Art von Druck zu ignorieren.
Unklare Ansagen machen das Pferdeleben ebenfalls nicht besser. Das Pferd lernt, dass es sich auf die Aktionen des Menschen nicht verlassen kann. Mal folgt auf wenig Druck dessen Verstärkung, mal bleibt sie aus, mal folgt der Verstärkung eine weitere Verstärkung – und dies alles unabhängig vom Verhalten und der Reaktion des Tieres, sondern bestimmt von anderen Bedingungen: Etwa, dass der Mensch gerade abgelenkt wurde oder er zu spät feststellt, dass er seine Peitsche in der falschen Hand hält oder das Seil erst neu sortieren muss. Das macht effizientes Lernen unmöglich für das Tier – und das wiederum ärgert es.

Unklarheiten schaffen wir Menschen meist unbewusst, weil wir mit unserem Körper widersprüchliche Signale senden.

Häufig passiert das beim Arbeiten auf dem Zirkel. Das erste Problem taucht direkt auf, wenn der Mensch das Pferd auf den Zirkel schicken will. Meist geht er selbst erst einmal rückwärts, um Abstand zwischen sich und dem Tier herzustellen, und dann schickt er es aus dieser neuen Position energisch nach draußen, indem er wieder nach vorne kommt und unterstützend die Peitsche schwingt.

Wir müssen klar in unseren Ansagen bleiben und sollten keinerlei paradoxen Anweisung geben. Hier wird deutlich: ***Ich möchte, dass du auf den Zirkel gehst.***

Weiter geht es dann, wenn das Pferd um den Longierenden herum kreist: Viele Menschen gehen dabei weiterhin rückwärts, laden das Pferd also ein, mindestens mit der Schulter hereinzufallen oder sogar ganz in die Mitte zu kommen und korrigieren das dann wieder scharf mit der Peitsche. In beiden Fällen erhält das Pferd die unbewusste Aufforderung „*komm näher*“ beziehungsweise „*komm herein*“, der dann aber sofort ein „*bleib weg*“ oder „*raus mit dir*“ unterstützt von der Peitsche folgt. Für das Pferd widersprüchliche Ansagen, die es dann mit angelegten Ohren und schlagendem Schweif quittiert.

Ärgerliche Pferdegesichter sieht man auch häufig, wenn der Mensch durchgreift, es aber nicht aus Überzeugung tut und das Pferd dies spürt. Wenn der Mensch voller Energie und mit erhobener Peitsche auf das Tier zumarschiert, in der Absicht es weichen zu lassen, dabei aber immer langsamer wird, die Körpersprache an Fokus verliert und er meint, diesen Verlust an Überzeugung mit mehr Peitscheneinsatz wettmachen zu können. Auch hier sprechen Körper und Peitsche nicht die gleiche Sprache.

Ärger kann auch entstehen, wenn unsere Anforderungen völlig aus der Welt des Pferdes und von dessen eigenen Wünschen und Gedanken weit entfernt sind. Wir werden dann zu einem Störfaktor, wenn das Pferd seine Sicherheit akut bedroht sieht, uns aber nicht genug vertraut, die Situation in seinem Sinne lösen zu können. Pferde wehren sich in so einem Fall aus einer defensiven Position heraus gegen den Druck, den wir machen. Diese Konstellation ist problematisch, weil wir Menschen versäumt haben, sie im Vorfeld zu entschärfen beziehungsweise das Pferd gar nicht erst so sehr an seine Grenze hätten bringen dürfen. Da hilft dann nur noch ein authentisches, zupackendes Eingreifen:

Wir müssen das Pferd überzeugen, dass wir es ernst meinen und wir müssen dranbleiben.

Schaffen wir das nicht, besteht nicht nur die Möglichkeit, dass die Situation gefährlich wird, sondern auch, dass sich der Vertrauensverlust des Tieres nur schwer wiederherstellen lässt.

Fallbeispiel

Ich eine solche Situation geriet ich mit der Stute einer Freundin: Wir blieben allein in der Halle zurück, während meine Freundin mit der Koppelpartnerin der Stute auf den benachbarten Platz verschwand. Das brachte die Stute völlig aus der Fassung. Sie begann zu rennen, zu steigen, zirkelte in immer kleineren Kreisen und drohte mich anzusteigen und zu überrennen. In dieser Situation konnte ich ihr nicht genug Führung bieten, um die Trennung besser wegzustecken. Stattdessen waren ihr meine Ansagen lästig und sie reagierte mit Aggression. Ich versuchte die Energie der Stute mit vielen Richtungswechseln zu kanalisieren und ihre Konzentration auf ihre Beine und ihre Bewegung zurückzuerlangen, indem ich sie über blau-gelbe Gassen lenkte. Entschärft wurde die Lage, als eine Reiterin mit einem anderen Pferd zu uns in die Halle kam. Mein Fehler: Ich hätte die Stute besser vorbereiten müssen.

Wir machen zu viel zu schnell. Wir fordern das Pferd auf und verstärken danach sofort die Hilfe. Entsprechend hat das Tier keine Zeit zum Überlegen und Reagieren, es wird sofort mit mehr Druck ermahnt. Das ist unfair und entsprechend quittiert das Pferd das mit Schweif und Ohren. Manchmal reicht schon weniger Druck, eine freundlichere Aufforderung, um vom Pferd eine willigere Reaktion zu bekommen.
Wir fordern das Pferd zum falschen Zeitpunkt auf, etwas zu tun und es ist von der Abfolge seiner Beine, von seiner Balance her nicht in der Lage, sofort zu reagieren. Schweif und Ohren weisen uns dann auf unser schlechtes Timing hin. Dabei ist es egal, ob wir vom Boden aus arbeiten oder reiten.

Wir müssen wissen (beziehungsweise fühlen), wann und wohin das Pferd seine Füße setzen wird, um die Hilfe im korrekten Moment geben zu können – nämlich dann, wenn es abfußt. Wenn der Huf schon wieder auf dem Weg zum Boden ist, ihn berührt oder das Gewicht des Pferdes trägt, haben wir den Moment für die Hilfe verpasst. Wir verlangen vom Pferd, sein Bein auf eine gewisse Art zu heben oder zu platzieren, obwohl es dazu gar nicht in der Lage ist. Das verwirrt und frustriert es. Sobald wir aber unsere Hilfen auf seine Beine und deren Fußfolge abgestimmt haben, wird das Pferd leichter und williger reagieren, weil wir nach etwas fragen, das es uns problemlos geben kann. Dann werden angelegte Ohren und schlagender Schweif der Vergangenheit angehören.

Manchmal können auch unser Durchhaltevermögen und unsere Konsequenz Pferde ärgern – vor allem, wenn sie diese Eigenschaften vom Menschen nicht kennen. Dann liegt es nicht an uns unser Vorgehen anzupassen. Stattdessen durchschreitet das Pferd einen Lernprozess und begreift, dass wir es ernst meinen und dass es sein – oft eingefahrenes – Verhalten ändern muss. Das geht durchaus auch mit Widerstand seitens des Tieres einher.

Fallbeispiel

Ich wurde zu einer Stute gerufen, die sich nicht longieren ließ beziehungsweise im Laufe des Longierens beschloss, dass es jetzt genug sei und sich daraufhin weigerte, auf die linke Hand abzuwenden. Beim ersten Kontakt versuchte sie direkt mich mit Schulter und Kopf zur Seite zu schubsen. Ihre Haltung zum Menschen war damit geklärt. Das Tier hatte mehrere Baustellen: Keinen Respekt vor dem persönlichen Bereich des Menschen, keine Bereitschaft das zu tun, was der Mensch verlangt – schon gar nicht, sich zu engagieren und sich mehr zu bewegen als der Mensch – und dazu die Angewohnheit mit Schulter und Vorderbeinen Hindernisse (auf zwei Beinen) aus dem Weg zu räumen. Die Stute ignorierte meine Aufforderung doch bitte nach links auf dem Zirkel abzuwenden. Sie war fassungslos, dass ich sie nach der ersten freundlichen Bitte mit dem Seil an der Schulter touchierte. Wir arbeiteten uns durch die verschiedenen Stadien des „Nein"-Sagens ihrerseits. Die beinhalteten Rückwärtsausweichen, Kleben, Steigen und das Springen nach vorne. Die Stute testete sich durch ihr gesamtes Repertoire. Sobald sie dann tatsächlich linke Hand auf dem Zirkel unterwegs war, ging sie durch und zog mich am Seil hinter sich her. Diese Gegensätze – erst die Tendenz, auf mich drauf zu springen und mich wegzuschieben und dann die Neigung davonzulaufen – sind typische Muster, die gern zusammen auftauchen. Die Stute war in ihrer Verweigerungshaltung extrem und wir haben ihr in dieser einen Einheit ein hohes Maß an Gehorsam abverlangt. So hässlich der Prozess war, so problemlos und entspannt ging sie im Anschluss auf dem Zirkel. Auf Handzeichen in beide Richtungen. Die Stute war höchst verärgert, wie ich mir anmaßen kann, ihr zu sagen, was sie zu tun hat, und prüfte meine Entschlossenheit minutiös. Sie begriff dann am Ende, dass es sie nichts kostet zu gehorchen, dass sie immer freundlich gebeten wird und ihre Würde behält.

Richtig eingesetzter Druck schafft Klarheit.

Wenn ich das Pferd auffordere, nach links auf den Zirkel zu gehen und dafür mit meinem linken Arm das Seil hebe, aber keine Reaktion erhalte, dann unterstütze ich meine Anfrage, indem ich die Peitsche hebe und in Richtung freier Pferdeschulter schwinge. Sobald das Pferd nach links abwendet, lasse ich die Peitsche sinken. Das Pferd hat die Hilfe verstanden. Ich habe es nicht mit Druck nach links gezwungen, sondern ihm geholfen, auf die richtige Idee zu kommen. Der Druck hat Klarheit zu schaffen. Er hat das Pferd nicht genervt, ist weder dauerhaft noch unfair und entsprechend gibt er dem Pferd keinen Anlass, sich zu ärgern, sondern unterstützt dessen Verständnis. Beim nächsten Mal weiß das Pferd, was ich von ihm will, und wird bereits auf mein erstes Signal auf den Zirkel abwenden.

Pferde und Emotionen

Was tun wir, wenn wir vom Pferd eindeutig signalisiert bekommen, dass es unsere Gesellschaft nicht wünscht? Wenn es uns den Hintern zudreht und abmarschiert, sobald es uns auf dem Weg zur Koppel entdeckt? Wir können es einfangen und uns ihm aufzwingen, schließlich kann es nicht sein, dass sich das Pferd aussucht, ob es gearbeitet wird oder nicht. Oder wir können überlegen, warum das Pferd sich so verhält.

Pferde halten mit ihrer Meinung nicht hinterm Berg und das hilft uns Menschen enorm, weil wir keine unklaren Signale entschlüsseln müssen.

Wir sind gut beraten, dieser Einschätzung unserer Pferde zu vertrauen. Sie spüren unseren Gemütszustand und wenn sie uns ablehnen, haben sie damit meistens recht: Sie wissen, dass wir in einer Verfassung aufgetaucht sind, in der wir ihnen nicht gerecht werden können: Vielleicht, weil wir schlecht gelaunt sind, ungeduldiger als sonst oder sogar ein Ventil suchen, um unseren Frust loszuwerden. Vielleicht auch, weil wir emotional angegriffen und unsicher sind, zögerlich und wankelmütig in unseren Entscheidungen.

Aggression und Schwäche sind Eigenschaften, die im Umgang mit dem Pferd nichts Positives bewirken können.

Wenn Ihr Pferd also nicht zu Ihnen kommt und keine Interaktion sucht, den Kopf abwendet und wegschaut, wenn Sie näherkommen, lesen Sie es als Aufforderung, sich selbst zu überprüfen. Bewerten und verurteilen Sie nicht das Verhalten des Pferdes, sondern akzeptieren Sie es als Wahrheit und Spiegelung Ihrer Disposition.

Die Väter des Horsemanship (wie Tom Dorrance oder sein Schüler Ray Hunt) bekamen zu Lebzeiten schnell den Titel *„Anwälte der Pferde"* verliehen. Eine ihrer Aussagen lautete: *„Das Pferd hat immer Recht."* Und die trifft auch in unserem Fall zu. Wer aktiv mit Pferden umgeht, von ihnen ein gewisses Verhalten einfordert, der sollte sich selbst im Griff haben und für das Pferd eine verlässliche Größe sein. Es ist unfair, Pferde mit unserem emotionalen Ballast zu behelligen, den sie nicht verstehen können, mit unseren Launen, unserer Inkonsequenz und unseren schwankenden Prioritäten. Die Qualität unseres Zusammenseins wird darunter leiden, wenn wir den Bedürfnissen des Pferdes nicht gerecht werden können, weil wir zu sehr mit uns selbst beschäftigt sind. Möglicherweise macht man damit Vertrauen kaputt, das man vorher mühsam aufgebaut hat. Wer einen schlechten Tag hat, muss sich aber nicht automatisch von den Pferden fernhalten. Schließlich können diese auch die besten Seelentröster sein. Zum Glück gibt es eine andere Option, einen Kompromiss: Wer sich nicht ausgeglichen genug fühlt, etwas vom Pferd verlangen zu können, der kann ihm auch einfach nur Gesellschaft leisten, das Tier füttern und Zeit mit ihm verbringen, ohne etwas zu fordern. Denn: Wo keine Erwartung herrscht, entsteht auch kein (Leistungs-)Druck.

Für unsere Pferde ist es oft eine angenehme Überraschung, wenn der Mensch nicht kommt, um sie von der Koppel zu holen, weil sie mal wieder arbeiten müssen. Stattdessen bekommt das Pferd Futter, Streicheleinheiten und Aufmerksamkeit, was in der Regel positiv besetzt ist. Der amerikanische Horseman Pat Parelli baut das zwanglose Zusammensein mit dem Pferd (*"undemanding time"*) sogar als festen Bestandteil in sein Training ein.

Ein vom Boden aus vorbereitetes Pferd hat es leichter herauszufinden, was ich vom Sattel aus will.

6

Bodenarbeit und ihre Bedeutung

Die Qualität eines Rittes steuert nicht allein unsere reiterliche Fähigkeit. Ihn beeinflusst nicht nur, was auf dem Rücken des Pferdes geschieht. Wir legen die Basis für gutes Gelingen oder lästige Konflikte ab der ersten Begegnung an diesem Tag: Wenn wir unser Pferd begrüßen, es von der Koppel oder aus der Box holen, startet unsere Interaktion und diese schafft Voraussetzungen für das Reiten.

Der Ritt beginnt nicht erst mit dem Aufsteigen

Wir können einen guten Eindruck beim Pferd hinterlassen, indem wir nicht in seine Box einfallen, ihm das Halfter über die Ohren ziehen und dann losmarschieren mit dem Pferd im Schlepptau. Die höfliche Variante wäre es, dem Pferd zunächst unsere Hand hinzuhalten, damit es daran schnuppern kann. Um diese möglichst wenig wie die Pranke eines Raubtiers wirken zu lassen, halten wir den Handteller dabei nach unten und strecken den Arm auch nicht steif, sondern tragen ihn locker und leicht angewinkelt. Hat das Pferd uns berührt, dann sind wir mit Streicheln und Halftern an der Reihe.
Weiter geht es mit der Art und Weise, wie wir zusammenlaufen.

Wenn ich mein Pferd am Seil hinter mir herziehe, es seine Hufe maximal in dem Tempo durch den Schotter schleift, wie ich mich selbst bewege, und ich auf treibende Hilfen nahezu keine Reaktion bekomme: *Was lässt mich dann glauben, dass es beim Reiten anders wird?* Dass es fein auf eine Zügelhilfe im Genick nachgibt, wo es vor Kurzem noch lustlos den Kopf in den Führstrick gehängt hat? Dass es auf leichten Schenkeldruck fleißig voranschreitet, wenn ich mit meinen treibenden Hilfen von unten schon nichts erreicht habe?

Wir nutzen unsere Hilfen ab, wenn wir sie nachlässig einsetzen.

Messen wir den Antworten des Pferdes keine Bedeutung zu, weil wir gerade nicht auf seinem Rücken sitzen, machen wir uns das spätere Reiten unnötig schwer. Und für das Pferd stiften wir zusätzlich Verwirrung, weil wir einmal großen Wert auf Gehorsam legen (wenn wir im Sattel sitzen) und dann wieder gar keinen (wenn wir am Boden unterwegs sind). Für das Pferd macht es keinen Unterschied, ob wir dabei reiten oder führen – konsequentes Verhalten bleibt konsequentes Verhalten.

Die wichtigsten Gründe für Bodenarbeit

Gründe für Bodenarbeit gibt es einige (gute). Interessanterweise sind die wichtigsten vielen Menschen nicht bewusst. Sie arbeiten mit ihrem Pferd vom Boden als Abwechslung oder, weil sie gerade nicht reiten können – etwa, weil Pferd oder Mensch gesundheitliche Probleme haben. Bodenarbeit kann mehr leisten als das und kann mehr sein als nur eine Alternative zum Reiten, nämlich die Voraussetzung dafür.

Probleme unterm Sattel kündigen sich immer auf die eine oder andere Weise vom Boden an – nur, dass wir Menschen häufig nicht in der Lage sind, Zusammenhänge zu entdecken, wo wir sie nicht suchen und erwarten würden: Das Pferd, das am Boden nicht mit den Hinterbeinen kreuzen kann, kann sich unterm Sattel zum Steiger oder Buckler entwickeln. Ein Pferd, das am Boden nicht stillstehen kann, ohne festgehalten zu werden, wird unterm Sattel zum Durchgänger.
Gerade amerikanische Horsemen nutzen die Arbeit am Boden nicht, um dem Pferd Tricks beizubringen oder um es gesund zu gymnastizieren. Sie schaffen am Boden zunächst Klarheit in der Rollenverteilung von Mensch und Pferd, machen den Menschen zum Anführer in der Zweierbeziehung. Sie setzen das Pferd bewusst und gezielt Reizen aus, die es verunsichern und ängstigen, um ihm dann zu helfen damit umzugehen.

Bodenarbeit ist in dieser Philosophie ein Diagnosewerkzeug, das aufdeckt, wo die Probleme des Pferdes liegen.

Sie ist die Basis für das Reiten, macht das Pferd schusssicher und bereitet es auf seine künftigen Aufgaben vor. Richtig aufgebaute Bodenarbeit beinhaltet die Hilfen, die auch der Reiter später einsetzt: Das Weichen aller Gliedmaßen auf Druck bereitet den Einsatz des Schenkels vor. Die Führung des Seils lehrt das Pferd, dem Gefühl zu folgen, das das Seil transportiert, was später für die Reaktion auf Zügelhilfen wichtig wird. Die Hilfen werden zweistufig beziehungsweise in Phasen präsentiert, sodass das Pferd Zeit hat, auf wenig zu reagieren. Auch das wird vom Sattel aus ebenso gehandhabt. So vorbereitet, entstehen viele der gängigen Rittigkeitsprobleme erst gar nicht, da dem Pferd die Hilfen schrittweise erklärt wurden und es zudem gelernt hat, auf Überraschungen mit Gelassenheit zu reagieren.

Junge Pferde werden nach der gründlichen Vorbereitung am Boden zuallererst am langen Zügel geritten, und zwar in allen Gangarten. Nur so ist sichergestellt, dass das Pferd seinen Reiter mental entspannt tragen kann. Müsste der Reiter das Pferd mit den Zügeln kontrollieren oder bremsen, ruiniert er sich nicht nur seine spätere Lenkung, sondern überfordert das Pferd zudem. Dieses Bild sehe ich oft: Junge Pferde, die in Anlehnung an die Hilfen gestellt werden, obwohl sie körperlich dazu nicht in der Lage und emotional überfordert sind. Als Reiter bin ich dann die ganze Zeit damit beschäftigt das Pferd ruhig und unter Kontrolle zu halten, statt in eine stabile Basis zu investieren und es auf sein Leben als Reitpferd ordentlich vorzubereiten: vom Boden aus.

Weitere Gründe für Bodenarbeit

Jeder führt sein Pferd und damit übt jeder eine Form der Bodenarbeit aus. Wir brauchen dafür keine Absichtserklärung, wir tun es bereits. Und wenn man schon dabei ist, kann man es gleich richtig machen. Denn wir unterschätzen die Bedeutung des Führens, weil es eine nebensächliche Tätigkeit ist, dem Reiten untergeordnet, ein Mittel zum Zweck. Dabei offenbart die Interaktion von Mensch und Pferd am Seil ihre Beziehung – und vor allem, was im Argen liegt (siehe hierzu auch ab S. 40: „*Was tun, wenn etwas nicht klappt – die Universallösung*“).

In der Bodenarbeit können wir die körperlichen Schwächen des Pferdes leicht erkennen. Vor allem Menschen, die sich mit dem Sehen leichter tun als mit dem Erspüren, haben einen Vorteil, wenn sie vom Boden und nicht vom Pferderücken aus die Lage analysieren. Gerade der natürlichen Schiefe kommt man von unten gut auf die Spur: Pferde kommen schief auf die Welt, mit einer hohlen und einer gebogenen Seite. Unser Ziel ist es, das Pferd gerade zu richten, beide Hinterbeine gleich stark zu machen, sodass es seinen Reiter tragen kann, ohne aufgrund von Fehlbelastungen selbst krank zu werden. Dafür müssen wir wissen, welche die hohle und welche die gebogene Seite des Pferdes ist.

Ein einfacher Zirkel reicht aus, um das herauszufinden:
Wir schicken das Pferd auf den Kreisbogen um uns herum, idealerweise am Drei-Meter-Seil. Eine Longe wäre zu lang, der Kreisbogen zu groß, was die Schwierigkeiten des Pferdes nicht so offenlegt wie ein geringerer Radius. Gehen wir von einem Pferd aus, das links hohl und rechts gebogen ist. Es wird die Tendenz zeigen, beim Zirkeln auf der rechten Hand auf die innere rechte Schulter zu fallen und den Zirkel zu verkleinern oder abzukürzen. Auf der linken Hand wird es vermehrt über die äußere rechte Schulter wegdriften und den Zirkel vergrößern. Bei den Richtungswechseln werden Sie ebenfalls gut erkennen können, in welche Richtung sich das Tier lieber abwendet und welche Schulter es besser heben kann.
Machen Sie aus dem Zirkel eine Acht und verbinden sie beide Richtungen mit vielen Wechseln und das Bild wird sich noch deutlicher darstellen:

Wenn Sie Ihr Pferd in die andere Richtung wechseln wollen, dann wirken Sie zunächst auf die Hinterhand ein, um es anzuhalten.

Hat Ihr Pferd nun seine Hinterhand nach außen verschoben, dirigieren Sie seine Nase mit Ihrer Hand in die neue Richtung.

Bewegt sich Ihr Pferd in die gewünschte Richtung, dann wirken Sie auf die Schulter ein, geben mehr Raum und reduzieren nun den Druck.

****

Ich persönlich mache immer wieder die Erfahrung, dass ich Übungen, die vom Boden nicht klappen, erst gar nicht nachreiten muss – sie werden nicht gelingen.

****

Deswegen teste ich Lektionen, die ich reiten will, vom Boden an. Beispielsweise seitwärts über eine Stange: Wenn mir das Pferd schon am Boden zu viel vorwärtsgeht, weiß ich, dass ich beim Reiten vor lauter Korrektur vorne das Seitwärts verlieren werde. Oder flüssiges Rückwärts: Wenn ich vom Boden aus einen Zügel annehme und statt rückwärts bekomme ich einen gebogenen Hals und ein Übertreten des inneren Hinterfußes, dann weiß ich, dass ich noch an der Kommunikation arbeiten muss: Vom Boden sehe ich direkt, dass der angenommene Zügel für das Pferd nicht die Bedeutung rückwärts hat. Ich könnte das vom Sattel zwar mit Schenkel und Gewicht abfangen, die Hilfe ist damit aber dennoch nicht klar kommuniziert, sondern nur ihre Fehlinterpretation verhindert.

Und so ist die Bodenarbeit als Vorbereitung nicht nur für mich eine Analyse, wo mein Fokus beim Pferd ankommt und wo nicht; ich kann auch direkt korrigieren und dem Pferd sagen, was ich will und was nicht. Das wäre natürlich auch vom Sattel möglich – in meinem Fall wäre das aber mit einer größeren Ungenauigkeit der Korrekturen und mit Zeitverzug verbunden. Bereite ich das Pferd dagegen vom Boden möglichst klar auf das, was ich reiten möchte, vor, gelingt die Übung im Sattel meistens besser. Außerdem bin ich besser informiert, da ich bereits weiß, welche Schwierigkeiten das Pferd wahrscheinlich haben wird.

Ein vom Boden aus vorbereitetes Pferd hat es leichter herauszufinden, was ich vom Sattel aus will.

Das gilt nicht nur für die Ausbildung von Jungpferden. Es kennt die Lektion, die gewünschten Bewegungsabläufe und es kennt die Hilfen von unten. Die Kommunikation vom Sattel aus startet so bereits auf einer guten Grundlage. Und genau diese Basis ist *Fairness zum Pferd* – von Beginn an!

Natural Horsemenship ist nicht nur ein Weg, den wir mit unseren Pferden gehen können, sondern hauptsächlich die Arbeit an uns selbst – mit dem Ziel eine vertrauensvolle und innige Beziehung zwischen Mensch und Pferd aufzubauen, die auf Achtung und Respekt fußt.

Ich wünsche mir wirklich sehr, dass Sie aus diesem Buch viele Denkanstöße, Ideen und Möglichkeiten der Reflexion mitnehmen konnten, die hoffentlich Ihnen und Ihrem Pferd das Zusammensein nicht nur erleichtern, sondern vor allem verschönern. Es geht um Qualität, Gemeinschaftssinn, Vertrauen und auch um Offenheit für Neues.

In diesem Sinne:

Bleiben Sie fair – zu sich und Ihrem Pferd!

Nadja Müller

Zum Weiterlesen

Susanne Kreuer
Pferdeverhalten verstehen
Kommunikation · Lösungsstrategien · Partnerschaft
Mit einem Vorwort von
Dr. Alfonso Aguilar
Pepper VeRlag

Alexandra Rieger
RAIDHO HEALING HORSES
Die heilenden Kräfte der Pferde
Durch Bewusstsein in die eigene Kraft kommen
Pepper VeRlag

Susanne Kreuer
Die Weisheit der Pferde
Durch Vertrauen und Harmonie
im Einklang mit dem Pferd
Pepper VeRlag

Bernd Hackl
Reiten
Im Sinne des Pferdes
Pepper VeRlag

Sandra Schneider
Denn Ihr fühlt nicht wie wir
Tagebuch eines Pferdes
Mit einem Vorwort von Martin Rütter
Pepper VeRlag

Alexandra Rieger
RAIDHO HEALING HORSES
CHAKRENARBEIT
mit Pferden
Durch Energie zur Harmonie
Pepper VeRlag

Wissen kompakt
Susanne Kreuer
Stephan Conzen
Übungsbuch
Bodenarbeit
Pepper VeRlag

Wissen kompakt
Sandra Schneider
Übungsbuch
Verladetraining
Pepper VeRlag